MARTIN MICHALSKI

DAS NEUE ZAUBERBUCH
TOLLE TRICKS MIT KLEINEN DINGEN

MARTIN MICHALSKI

DAS NEUE ZAUBERBUCH

TOLLE TRICKS MIT KLEINEN DINGEN

ILLUSTRATIONEN VON IRENE SCHARWÄCHTER

VERLAG EPPE GMBH · BERGATREUTE

3. Auflage 2007
© 2001 Verlag und Offsetdruck Eppe GmbH,
Bergatreute / Aulendorf
Illustrationen: Irene Scharwächter
Satz, Reproduktion und Druck:
Verlag und Offsetdruck Eppe GmbH, Bergatreute / Aulendorf
Buchbinderische Verarbeitung:
Industriebuchbinderei Walter, Heitersheim

ISBN 978-3-89089-851-3

INHALT

LIEBER ZAUBERFREUND!

Dieses Zauberbuch mit seinen vielen bewährten Trickbeschreibungen und anschaulichen Zeichnungen macht dich mit etwas Fleiß und Übung zum bestaunten Zauberkünstler. Hast du dich einmal der Magie verschrieben, so wird dich dieses schöne Hobby immer wieder erfreuen. Viele bekannte und berühmte Persönlichkeiten pflegen dieses Steckenpferd.

Wenn du die Zauberkunst erlernen willst, so ist es entscheidend, wie du als Zauberschüler in die Geheimnisse der Magie eingeführt wirst. In all unseren bisherigen Veröffentlichungen über die Zauberkunst hat sich die dreiteilige Trickbeschreibung bewährt:

1. Zubehör
2. Effekt
3. Trickbeschreibung

Auch in diesem Büchlein wollen wir diese bewährte Methode beibehalten. Die hier beschriebenen Zauberkunststücke stellen an die Geschicklichkeit des Vorführenden keine allzu hohen Ansprüche und sind trotzdem von erprobter Wirksamkeit.

Bewusst wurde der Stil dieses Buches einfach und als klarer Lehrtext gehalten. Es wird darauf verzichtet, umständliche Umschreibungen in Vortragsform zu bringen. Entscheidend ist ja, wie die Technik des Zaubertricks beschrieben wird. Der Vortrag zu den Zauberkunststücken sollte sich immer den jeweiligen Zuschauern anpassen. Es ist auch nicht notwendig, immer einen Vortrag zu halten, sondern man kann auch mit passender Musikbegleitung stumm zaubern.

MAGIC MARTIN

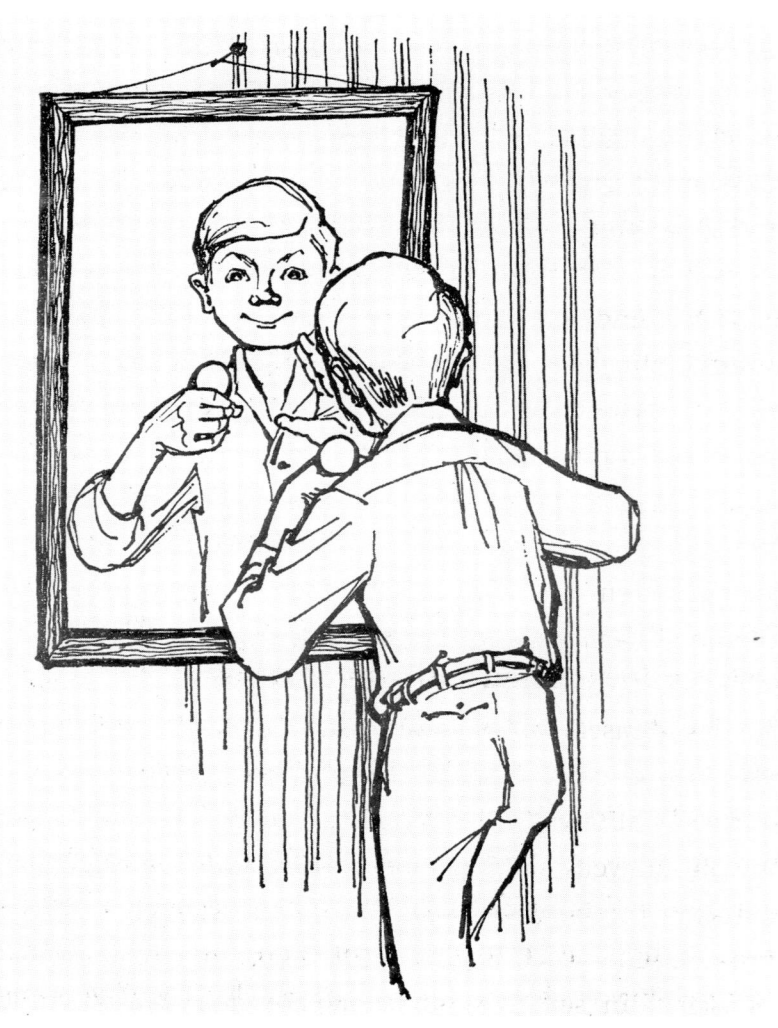

DAS KLEINE ABC DER ZAUBERKUNST

Zaubern besteht nicht nur aus geschickter Fingerfertigkeit, es erfordert auch ein bisschen Köpfchen. Die Zauberkunst besteht ja aus Täuschung. Um eine vollendete Täuschung zu vollbringen, müssen wir uns mit diesem Täuschungsvorgang genau beschäftigen. Das Wort „zaubern" ist ein Ausdruck für den Wunsch des Menschen, Geheimnisvolles oder Unmögliches wahrzumachen. Selbstverständlich kann kein Mensch zaubern, denn diesem Wunsch entgegen stehen die Naturgesetze. So stellt jeder Zaubertrick eine Mischung verschiedener Fertigkeiten dar. Zunächst einmal benötigen wir das Hilfsmittel, mit dem ein Effekt erzielt werden soll. Es ist verständlich, dass dieses Hilfmittel allein nicht zaubern kann. Erst durch unsere eigene Handfertigkeit wird der Trick zur perfekten Täuschung. Ein geschickt vollführter Trickablauf und etwas Schauspielkunst geben dem Ganzen das letzte i-Pünktchen. So ist also die Zauberkunst ein Experiment, das auf die Psyche des Menschen abgestimmt ist. Der Magier versucht mit Hilfsmitteln und geschickter Ablenkung den Zuschauer zu täuschen. So geschieht etwas, für das der Zuschauer keine Erklärung findet, obwohl er weiß, dass er einem Trick zum Opfer gefallen ist. In dem Geheimnis des unerklärlichen Zaubertricks liegt der Reiz, der immer wieder auch in unserer technisch aufgeklärten Welt viele Menschen in seinen Bann zieht. Für den Zauberschüler ist es wichtig zu wissen, dass kein Zaubertrick fertig aus dem Kasten springt. Eine gelungene Täuschung ist nur dann möglich, wenn man sich mit jeder einzelnen Phase des Tricks beschäftigt. Nur nach intensiver Übung und Abstimmung jeder Geste wird hier der einfachste Trick zur vollkommenen Meisterleistung. Man muss die Aufmerksamkeit der Zuschauer geschickt auf das Unwesentliche lenken, um das Wesentliche zu verschleiern und unbeobachtet den Trick ausführen zu können. Viele Handhabungen werden scheinbar vorgenommen, wobei in Wirklichkeit etwas anderes passiert. Es ist wichtig, dass man niemals vor Beginn eines Tricks das ankündigt, was nachher folgen wird.

Um ein erfolgreicher Zauberkünstler zu werden, musst du folgende Grundsätze genau beachten:

1. Bevor du einen Trick vorführst, muss er intensiv geübt sein. Am besten vor einem Spiegel. Der Trickablauf muss einwandfrei beherrscht werden.

2. Vor dem gleichen Publikum darf ein Trick nie sofort wiederholt werden. Die Wirkung des Zauberkunststückes ist sonst verloren.

3. Alle Zaubertricks sind mit ruhigen Bewegungen und einigen vorher einstudierten Worten vorzuführen.

4. Während der Vorführung darf kein Zuschauer seitlich oder hinter dir Platz nehmen.

5. Halte vor und nach der Zaubervorstellung alle magischen Geräte von Unbefugten fern.

6. Führe nur solche Zaubertricks vor, die du restlos beherrschst.

7. Zaubere weniger und gut – als eine halbe Stunde und schlecht. Länger als 20 Minuten sollte ein Zauberprogramm nie dauern.

8. Wenn du keine Bühne für die Vorführung benutzt, so führe die Tricks auf einem Zaubertisch, der mindestens 3 m von den Zuschauern entfernt ist, vor.

9. Wenn du keinen Vortrag dazu einstudiert hast, zaubere mit passender Musikbegleitung. Denke aber daran, dass Zauberkunst unterhaltend sein soll. Halte also deine Vorträge humorvoll. Mystische Zauberkünstler sind heute nicht mehr gefragt.

10. Halte dich an das Gesetz der Magie. Erkläre niemand, auch deinem besten Freund nicht, deine Zaubertricks.

SERVANTE

Ein wichtiges Hilfsmittel in der Zauberkunst ist die Servante. Unter dieser Bezeichnung verstehen alle Zauberkünstler eine verborgene Tasche, ein Fach oder einen Zierbehälter, in die beliebige Gegenstände abgelegt oder von dort aufgenommen werden können.

Beim Ergreifen eines Zauberstabes kannst du z.B. für die Zuschauer unbemerkt etwas in die Servante fallen lassen oder dort herausholen. Für das in diesem Buch beschriebene Zauberprogramm empfiehlt sich die sogenannte Stehservante. Diese ist nicht nur ein Schmuckstück im Zauberprogramm, sondern sie wird dir ein guter Helfer sein.

Am besten verwendest du hier eine größere Zigarrenkiste, die, wie die Abbildung zeigt, mit chinesischen Schriftzeichen beklebt wird. Sie sollte mindestens 20 cm lang, 10 cm tief und 8 cm hoch sein.

Und hier gleich noch eine Beschreibung, wie die Servante beim Zaubern verwendet wird.

Der Zauberstab liegt bei der Vorstellung griffbereit über der Servante. Mit einem Drahtbügel hängst du einen Ball dicht unter die obere Kante der Servanten-Rückwand. Du zeigst dann beide Hände leer vor. Die rechte Hand ergreift den Zauberstab und dabei heimlich den Ball. Der Stab wird in die linke Hand gegeben. Die rechte Hand bildet eine Faust. Mit dem Zauberstab führst du nun um die zur Faust geschlossene Hand einige Bewegungen und der Ball ist erschienen.

12

Das Ablegen von Gegenständen geschieht etwa so: Der Ball z.B. wird auf die linke etwas offengehaltene Faust gelegt. Während du scheinbar mit der rechten Hand den Ball abnimmst, lässt du ihn in die linke Hand hineingleiten. Die rechte Hand wird jetzt zur Faust geschlossen und geht nach oben. Die Zuschauer glauben, dass nun der Ball in der rechten Hand enthalten ist. Der Zeigefinger der linken Hand streckt sich und zeigt dabei auf die geschlossene rechte Hand. Die linke Hand geht mit dem Ball zur Servante, ergreift den Zauberstab und lässt den Ball in die Servante gleiten. Mit dem Zauberstab klopfst du dann gegen die rechte Faust, öffnest sie, um sie leer vorzuzeigen.

EIN ZAUBERSTAB ERSCHEINT

Zubehör

1 Streichholzschachtel
1 Zauberstab etwa 20 cm lang, Durchmesser 7 mm

Effekt

Der Zauberkünstler greift in seine Tasche und zieht eine Streichholzschachtel heraus. Er öffnet die Schachtel, sieht hinein und macht ein erstauntes Gesicht. Dann greift er in die Schachtel und zieht einen langen Zauberstab heraus.

Trickausführung

Zu Beginn der Vorstellung schiebst du den Zauberstab in deinen linken Ärmel. Und zwar so, dass ein Ende in der Handfläche liegt. Ein Gummiring oder die Armbanduhr hält den Zauberstab am Handgelenk fest. So ist der Stab gegen ein Herausrutschen gesichert. An der Streichholzschachtel ist eine kleine Vorrichtung notwendig.
Du schneidest an einer Schmalseite eine Lücke in den Schachtelkasten.

Die Vorführung selbst ist dann ganz einfach. Es ist nur wichtig, dass du den Zuschauern den Handrücken zukehrst, damit der Zauberstab nicht vorzeitig bemerkt wird. Soll der Zauberstab erscheinen, dann nimmst du die Streichholzschachtel und führst sie mit dem offenen Ende über den Zauberstab. Die rechte Hand hält dabei die Schachtelhülse und stößt mit dem Zauberstab den Schachtelboden auf. Mit dem Daumen und Zeigefinger der rechten Hand ziehst du jetzt den Zauberstab heraus. Die linke Hand hält dabei die Schachtel.

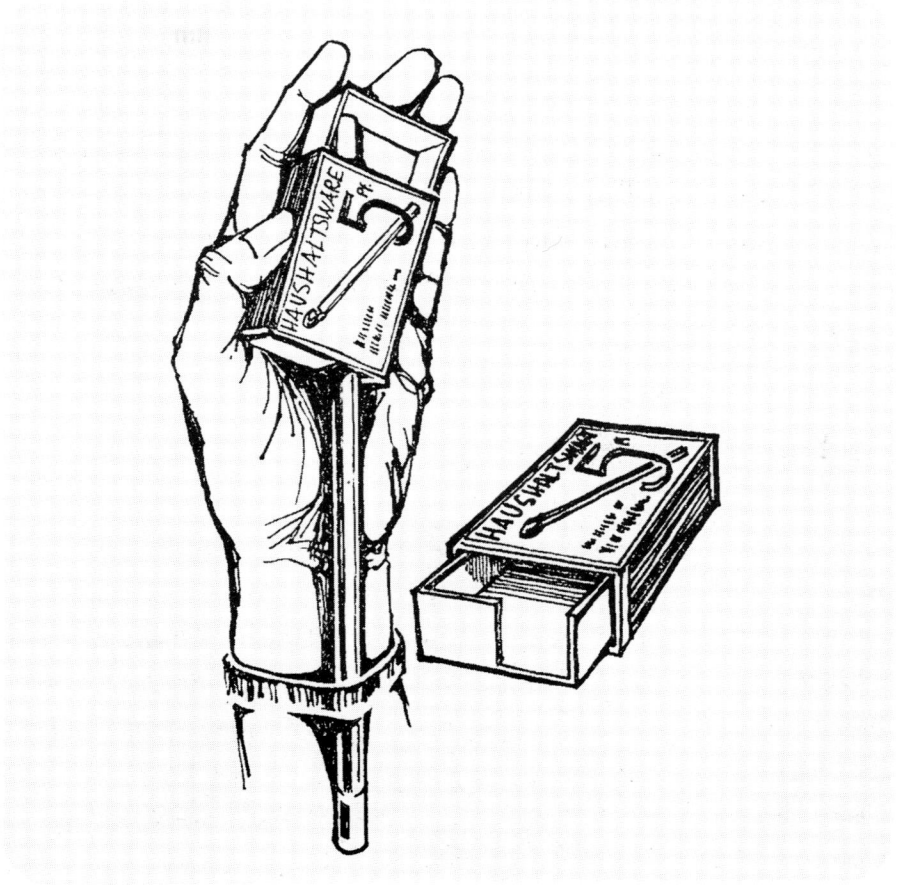

HELLSEHEN IN FARBEN

Zubehör

4 gleich große Farbstifte mit verschiedenen Farben

Effekt

Ein Zuschauer muss sich die vier Farbstifte genau ansehen. Nachdem er nichts Auffälliges daran finden konnte, nimmt der Zauberkünstler die Stifte und führt sie hinter seinen Rücken. Der Zuschauer wird aufgefordert, drei Farbstifte wegzunehmen. Der Zau-

berer kann die Farben der Stifte nicht sehen und nennt trotzdem auf geheimnisvolle, magische Weise die Farbe des 4. Stiftes, der sich noch in der Hand hinter seinem Rücken befindet.

Trickausführung

Das Erraten der Farbe des 4. Stiftes ist sehr einfach. Hinter deinem Rücken machst du mit dem verbliebenen Farbstift auf dem linken Daumennagel einen kleinen Farbstrich. Während du nun mit der rechten Hand den Stift am Rücken hältst, gehst du mit der linken offen gehaltenen Hand langsam vor dem Gesicht nach oben und hältst die Hand an die Stirn. Damit wird angestrengtes Nachdenken vorgetäuscht. Selbstverständlich hast du dabei den Farbstrich auf dem Daumennagel erkannt und kannst nun allen Zuschauern die Farbe sagen.

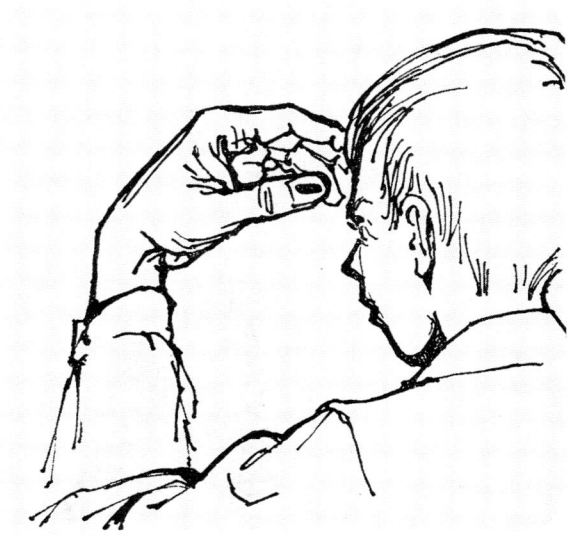

GEDANKENÜBERTRAGUNG

Zubehör

Ein weißer Karton in Spielkartengröße; auf der Vorderseite steht die Zahl 2, auf der Rückseite die Zahl 3.

Effekt

Der Magier erklärt, dass er durch Gedankenübertragung imstande sei, eine Zahl aufzuschreiben, bevor sie vom Zuschauer genannt wird.

Nach diesen Worten nimmt der Vorführende einen Bleistift und schreibt auf eine kleine Karte an seinem Platz eine Zahl. Ein Zuschauer wird aufgefordert, sich eine Zahl zwischen 1 und 4 zu denken. Dann lässt sich der Zauberer die Zahl nennen und zeigt zur großen Überraschung aller die vorher beschriebene Karte vor, auf der tatsächlich die gedachte und genannte Zahl aufgeschrieben steht.

Trickausführung

Auf den vorbereiteten Karton schreibst du auf die Vorderseite die Zahl 2 und auf die Rückseite die Zahl 3. Während der Vorführung wird das Aufschreiben der Zahl nur vorgetäuscht. Sobald der Zuschauer die gedachte Zahl zwischen 1 und 4 nennt, ergreifst du die Karte und zeigst die passende Zahl. Der Trick muss gelingen, da es ja zwischen der Zahl 1 und 4 nur 2 oder 3 sein kann. Den bereits vorgeschriebenen Karton darfst du natürlich nicht aus der Hand geben. Dieses kleine Kunststück darf auch nur einmal vor dem gleichen Publikum vorgeführt werden.

ZAHLENRATEN

Zubehör

Keines notwendig.

Effekt

Aus dem Publikum wird eine Person aufgefordert, sich eine gerade Zahl möglichst nicht über 20 zu denken. Diese Zahl soll nun mit 3 vervielfacht werden. Das Ergebnis wird halbiert und die so gewonnene Zahl wieder mit 3 vervielfältigt.

Der Zuschauer wird jetzt aufgefordert, die eine errechnete Zahl zu nennen, und augenblicklich sagt der Magier die vom Zuschauer gedachte Zahl.

Trickausführung

Dieses kleine Rechenexperiment ist ganz einfach. Du siehst den Trickablauf hier.

$$12 \times 3 = 36$$
$$36 : 2 = 18$$
$$18 \times 3 = 54$$

Nehmen wir an, der Zuschauer hat sich die Zahl 12 gedacht. Diese Zahl soll er nun mit 3 malnehmen. Das Ergebnis ist 36. Diese Zahl ist nun zu halbieren, das ergibt 18. Die Zahl 18 ist nun wieder mit 3 zu multiplizieren und ergibt 54.
Jetzt forderst du den Zuschauer auf, die so errechnete Zahl zu nennen.

$$54 : 9 = 6$$
$$6 \times 2 = 12$$

Du musst nun schnell das Ergebnis (in unserem Fall 54) durch 9 teilen. Dies ergibt 6, und diese 6 mit 2 malnehmen. Das Ergebnis ist die Zahl 12, die sich der Zuschauer gedacht haben muss.
Wenn du eine Tafel hast, kannst du auch die gedachte Zahl zum Schluss aufschreiben und deinem Publikum zeigen.

DAS RECHENGENIE

Zubehör

1 Bleistift, 1 Schreibblock

Effekt

Der Zauberkünstler lässt von einem Zuschauer eine dreistellige Zahl aufschreiben. Es werden die Ziffern umgedreht, darunter geschrieben und abgezogen. Dann folgt nochmal eine Umstellung der Zahlen, und das Ergebnis stimmt mit einer Zahl überein, die der Zauberer vorher auf einen Zettel geschrieben hat.

Trickausführung

Ein Zuschauer soll eine dreistellige Zahl aufschreiben, deren 1. Ziffer mindestens um 2 größer sein muss als die letzte Zahl, z.B. 412. Du forderst dann den Zuschauer auf, die erste Ziffer gegen die dritte zu vertauschen und diese Zahl von der erstgenannten Zahl abzuziehen.

Also z. B.
$$412$$
$$- 214$$

198   Diese Zahl wird nun umgedreht:

also   + 891   also 891 und beide Zahlen werden addiert

1089   Ergebnis

Der Zuschauer wird jetzt gefragt, ob das Ergebnis mitgeteilt oder aufgeschrieben werden soll. In ersterem Fall nennst du die Ziffern 1 0 8 9 langsam.

Noch verblüffender wirkt es, wenn du diese Zahl vorher als Voraussage niederschreibst. Der Zuschauer soll dann das Ergebnis ebenfalls aufschreiben und beide Resultate stimmen dann überein.

Das Geheimnis dieses Tricks liegt in den Zahlen selbst. Wie du es auch anstellst, es kommt immer die Zahl 1089 heraus. Eine Wiederholung vor dem gleichen Publikum ist deshalb ohne Wirkung.

GEHEIMNISVOLLES UHRENZIFFERBLATT

Zubehör

1 Zauberstab oder 1 Bleistift, 1 Bierdeckel, den du durch Aufkleben eines weißen Kartons und das Aufmalen eines Uhrenzifferblattes vorbereitest.

Effekt

Der Zauberer erklärt, er wolle auf geheimnisvolle Weise eine Zahl des Zifferblattes nennen, die sich einer der Zuschauer denkt.

Eine Person aus dem Publikum wird aufgefordert, sich eine Zahl des Zifferblattes zu merken. Der Vorführende klopft dann mit dem Zauberstab auf verschiedene Zahlen des Zifferblattes. Dabei muss der Zuschauer nach jedem Klopfen zu seiner gedachten Zahl 1 dazuzählen, bis er auf die Zahl 20 kommt. Die Zahl 20 spricht der Zuschauer laut aus, und genau in diesem Augenblick zeigt der Künstler mit seinem Zauberstab auf die gedachte Zahl auf dem Zifferblatt. Für das Publikum ist dies ein unerklärlicher Trick, der mit viel Beifall bedacht wird.

Trickausführung

Auf einen Bierdeckel klebst du auf beide Seiten ein Stück weißen Karton und befestigst gleichzeitig eine Fadenschlaufe zum Halten

24

des Deckels. Die Zahlen eines Uhrenzifferblattes werden auf die eine Seite des Kartons aufgemalt. Ein Zuschauer wird aufgefordert, sich eine Zahl auf dem Zifferblatt zu merken.

Du nimmst jetzt einen Zauberstab und erklärst nun, dass du auf verschiedene Zahlen des Zifferblattes klopfen wirst. Bei jedem Klopfen muss der Zuschauer zur gedachten Zahl 1 dazuzählen. Wenn z. B. die Zahl 8 gedacht wird, ergibt sich beim 1. Klopfen 9 und beim 2. Klopfen 10 usw., bis der Zuschauer auf die Zahl 20 kommt. Die Zahl 20 muss der Zuschauer laut aussprechen, und in diesem Augenblick wirst du die von ihm gedachte Zahl auf dem Zifferblatt anklopfen.

Der Trick liegt darin, dass du sieben Mal auf x-beliebige Zahlen klopfst und beim 8. Mal musst du aber auf die Ziffer 12 klopfen, und von da ab in der Richtung 11, 10 usw. immer um eine Zahl rückwärts gehen.

Wenn der Zuschauer die Zahl 20 ausspricht, wirst du bei richtiger Einhaltung der Reihenfolge immer auf die Zahl klopfen, die sich der Zuschauer gedacht hat.

DER GEFESSELTE RING

Zubehör

1 Stück Schnur 50 cm lang, 2 gleich große Metallringe oder Armreifen oder an deren Stelle 2 aus Karton gefertigte Ringe, 1 Gummiring.

Effekt

Der Zauberer lässt sich die beiden Enden der 50 cm langen Schnur von einem Zuschauer um die Handgelenke binden. Gleichzeitig wird den Zuschauern ein Ring oder Armreif gezeigt, der besonders daraufhin untersucht wird, ob er nirgends durchbrochen ist. Nachdem die Seilenden fest um die Gelenke des Künstlers verknotet sind, wendet er sich kurz um und dreht sich sofort zurück, wobei der Ring nun auf der Schnur zwischen den Handgelenken hängt. Alle Zuschauer sind verblüfft.

Trickausführung

Aus der Zubehörangabe ist bereits ersichtlich, dass zu diesem Trick zwei vollkommen gleiche Ringe benötigt werden und auch eine kleine Vorbereitung erforderlich ist. Die Ringe müssen so

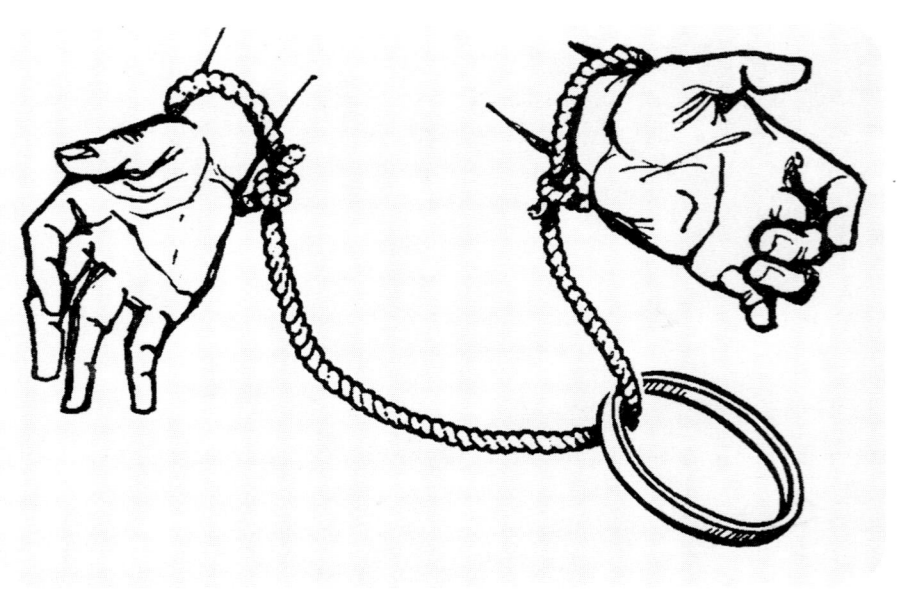

groß sein, dass du sie mühelos über deine Hand streifen kannst. Wenn du die Ringe nicht kaufen willst (man erhält sie für wenig Geld in Warenhäusern), kannst du sie dir aus Karton selbst zusammenkleben.

Und nun zum Trick selbst: Ein Ring wird den Zuschauern zum Untersuchen gegeben, während du dir die Seilenden um die Handgelenke knüpfen lässt.

Der zweite Ring wird vor Beginn der Trickvorführung über die rechte Hand gestreift und so in den Ärmel gesteckt, dass er verdeckt ist. Du lässt dir jetzt den Ring von den Zuschauern zurückgeben, drehst dich kurz um und steckst den Einzelring in deine Jackeninnentasche oder unter das Oberhemd. Der im Ärmel befindliche Ring wird dann heruntergezogen und fällt auf die Schnur, wo er hängen bleibt.

Die verblüffende Wirkung des Tricks beruht auf der Schnelligkeit, mit der das Experiment ausgeführt wird. Die Zuschauer sind jedenfalls überzeugt, dass es unmöglich ist, die Schnur an einem der Handgelenke so schnell zu lösen und wieder zu befestigen. Dass ein zweiter Ring vorhanden ist, weiß ja niemand.

VARIANTE 1

Sehr wirkungsvoll ist es auch, wenn du den Trick mit Pappringen ausführst. Es wird dir möglich sein, den gefesselten Ring von der Schnur wieder zu entfernen.

Hierzu drehst du dich wieder kurz um und zerreißt den auf der Schnur hängenden Papierring. Die Bruchstücke werden ins Ober-hemd geschoben und der dort befindliche ganze Ring wird wieder hervorgeholt und dem Publikum gezeigt.

VARIANTE 2

Wenn du anstelle der vorher beschriebenen Ringe einen Gummiring nimmst, wie er für Einweckgläser genommen wird, kann dieser Trick ganz besonders raffiniert ausgeführt werden.

Du lässt dir, wie bereits beschrieben, eine etwa 50–80 cm lange
Schnur mit den Enden um das Handgelenk binden. Damit die
Zuschauer absolut sicher sind, dass du die Verknotung der Schnurenden nicht auflösen kannst, lässt du die Knotenstellen noch mit
etwas Leukoplast oder einem Tesastreifen versiegeln. Dann gibst
du einen Einweckring an einen Zuschauer, der ihn mit einem Zei-
chen versehen soll. Dies hat den Zweck, den Gummiring gegen
einen Umtausch abzusichern. Sobald du den Ring zurückbekom-
men hast, kehrst du den Zuschauern den Rücken zu. Der Gummi-

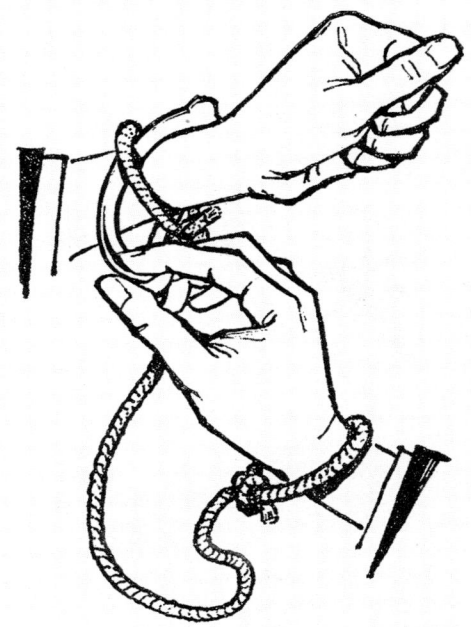

reif wird über die linke Hand gestülpt und unter der Fesselung am Handgelenk durchgezogen. Du ziehst dann den Gummiring stark an und führst ihn über die geballte Faust zurück. Der Gummiring hängt dann in der Schnurschlaufe. Du wendest dich sofort wieder den Zuschauern zu und lässt die ordnungsgemäße Fesselung des Ringes und die Versiegelung der Schnurenden überprüfen.

Selbstverständlich ist es auch möglich, den Gummiring wieder zu befreien. Hierzu wendest du dich wieder kurz um. Die rechte Hand ergreift den auf der Schnur hängenden Gummiring und führt ihn wieder über die linke Faust. Eine Stelle des Gummiringes wird wieder unter der Handgelenkfesselung durchgeschoben und nach vorne über die Faust weggezogen. Der Gummiring ist dadurch wieder befreit.

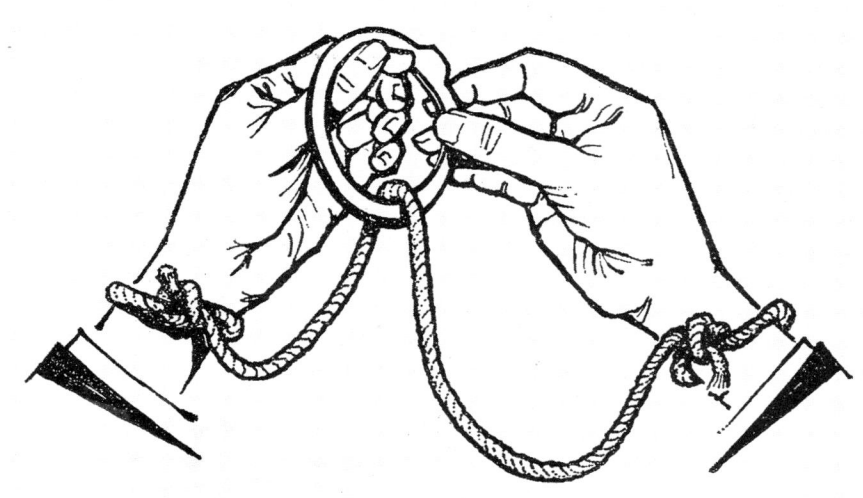

DER STREICHHOLZFANG AUS DER LUFT

Zubehör

1 Fingerklammer oder als Ersatz hierfür ein Stück Tesa-Film, verschiedene Streichhölzer.

Effekt

Scheinbar aus der Luft holt der Künstler immer wieder und wieder Streichhölzer. Jedesmal, wenn ein Streichholz erscheint, wird

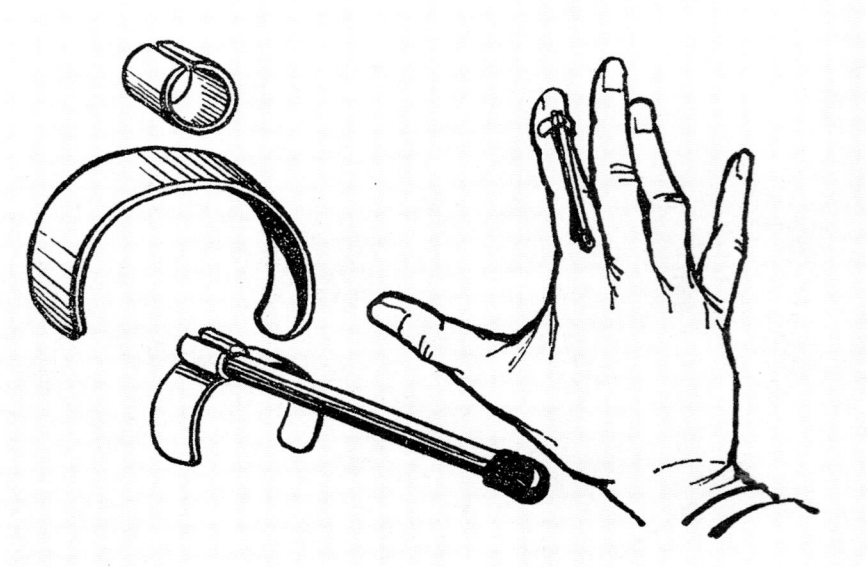

es in einen Zylinder geworfen. Von überall her lässt der Vorführende Streichhölzer erscheinen, obwohl er die Hand, mit der die Hölzchen gefangen werden, leer vorzeigt.

Trickausführung

Zu diesem Experiment musst du dir eine kleine Klammer aus Blech oder Draht vorher machen. Wenn du diese Arbeit scheust, genügt es auch, wenn du ein Streichholz mit einem Stück Tesafilm an deiner Zeigefinger-Rückseite gut befestigst. Die Zuschauer blicken dabei gegen die Innenhandfläche, wobei die Finger gespreizt werden. Du führst jetzt die rechte Hand hoch in die Luft und bildest dort eine Faust.

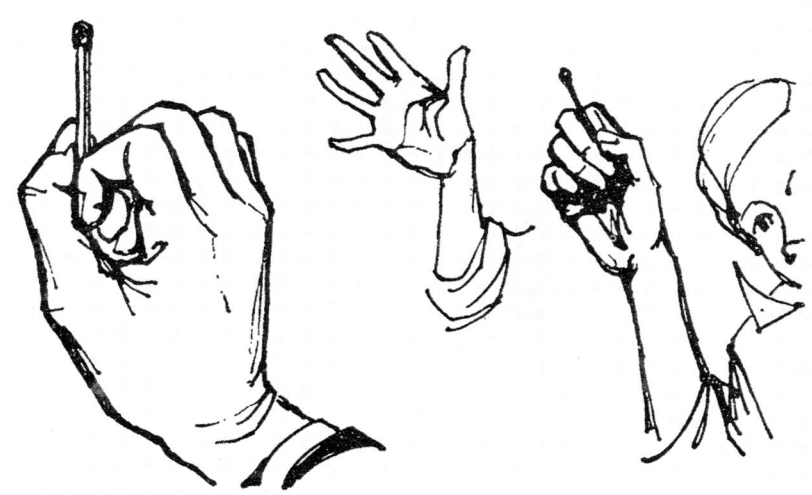

Durch die Krümmung des Zeigefingers stellt sich hierbei das Streichholz auf und wird für die Zuschauer sichtbar. Angeblich wirfst du dieses Streichholz jetzt in einen Zylinder, den du in der linken Hand hältst. Dazu gehst du mit der Hand in den Hut hinein. Dort werden die Finger wieder gestreckt. Die rechte Hand wird so herausgeführt, dass wiederum die Innenfläche den Zuschauern zugekehrt ist. Am besten stellst du dich im Linksprofil zu den Zuschauern, d. h. deine linke Körperseite ist den Zuschauern zugewandt. Jetzt greifst du die Streichhölzer immer wieder in der beschriebenen Weise aus der Luft. Für das Publikum lässt dieser Effekt auf eine außerordentliche Fingerfertigkeit schließen. Vor Beginn des Streichholzfanges zeigst du den leeren Zylinder flüchtig vor. Unter der linken Hand, die den Hut hält, sind einige Streichhölzer verborgen, die du später in den Hut hineinfallen lässt. Diese werden dann als die herbeigezauberten Streichhölzer aus dem Zylinderhut geschüttet.

VERZAUBERTE KARTEN

Zubehör

Verschiedenfarbige Kartons, die nach der Beschreibung präpariert sind.

Effekt

Fünf verschiedenfarbige Kartons in Spielkartengröße werden vom Vorführenden vorgezeigt. Er wirft diese, für alle sichtbar, in einen vorher leer vorgezeigten Hut. Zwei Karten werden vom Künstler sichtbar aus dem Hut wieder herausgenommen. Dann folgt ein Zauberspruch. Der Hut wird umgestülpt, und die restlichen drei Karten sind spurlos verschwunden. Der Zauberer greift in seine Tasche, um von dort die restlichen Farbkarten hervorzuholen.

Trickausführung

Zu diesem Trick werden präparierte Karten verwendet. Eine Karte zeigt auf einer Seite vier verschiedenfarbige Abschnitte, die gestaffelt übereinander liegen.
Die Rückseite dieser Karte ist in unserem Fall normal rot. Die zweite Farbkarte ist vorn und hinten von einen normalen Farbkarton. In unserem Fall: grün. Auf der präparierten roten Farbkarte

werden also auf einer Seite drei Farbkartenstücke in den Farben Weiß, Blau und Gelb aufgeklebt. Weiter werden noch drei normale Farbkartons in den Farben Weiß, Blau und Gelb benötigt. Dies sind die drei Karten, die du vor Beginn deiner Vorstellung in die Tasche steckst.

Zu Beginn des Experiments zeigst du zwei Karten so vor, wie es aus der Abbildung ersichtlich ist, d. h. also die präparierte Karte und der grüne Farbkarton. Die Zuschauer glauben, fünf verschiedene Karten zu sehen. Diese werden nun in einen Hut geworfen. Im Hut selbst drehst du die präparierten Karten um und zeigst sie mit der roten Rückseite den Zuschauern. Als zweite Karte nimmst du die grüne aus dem Hut. Der Hut ist dann selbstverständlich leer, und du kannst ihn zur Untersuchung geben. Die scheinbar verschwundenen drei übrigen Karten holst du dann aus deiner Tasche.

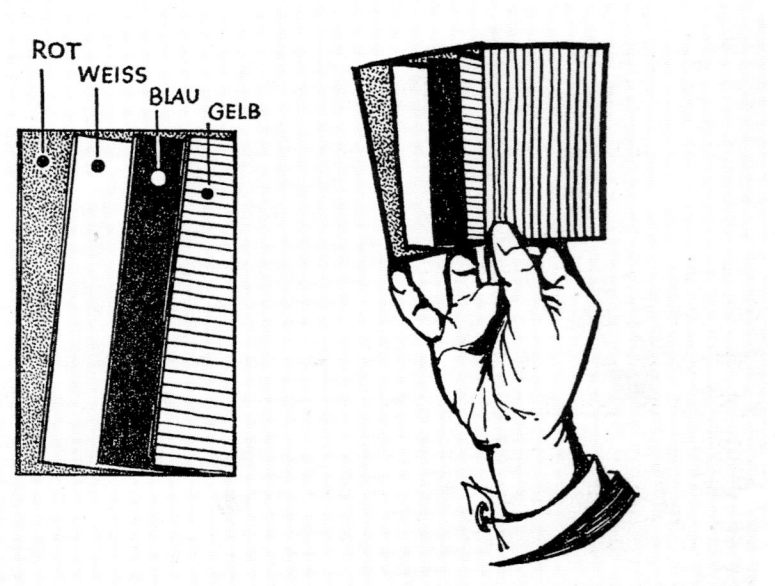

EIN GELDSTUCK VERSCHWINDET SPURLOS

Zubehör

1 Geldstück, 1 Taschentuch, 1 weiche Tischunterlage

Effekt

In die Mitte eines auf dem Tisch ausgebreiteten Taschentuchs legt ein Zuschauer eine Münze. Der Zauberer schlägt eine Ecke um und verdeckt damit das Geldstück. Das Taschentuch wird zusammengerollt und mit spitzen Fingern auseinandergezogen, worauf das Geldstück spurlos verschwunden ist.

Trickausführung

Zur Durchführung dieses Tricks wird eine weiche Tischunterlage benötigt. Dann legst du ein Taschentuch so auf den Tisch, dass eine Ecke deinem Körper zugewandt ist (Abb. 1). In die Mitte des Tuches wird ein Geldstück gelegt. Die dir zugewandte Tuchecke wird durch Umlegen über die gegenüberliegende Ecke hinausgelegt, so dass das Geldstück verdeckt ist (Abb. 2). Dann rollst du das Taschentuch nach vom weg (Abb. 3) gegen die beiden übereinander gelegten Ecken. Den unteren Zipfel nimmst du mit der linken, den oberen mit der rechten Hand und ziehst das Tuch auseinander (Abb. 4/5).

Zur Überraschung der Zuschauer ist das Geldstück verschwunden. Es liegt verdeckt unter dem Tuch (Abb. 6). Wenn du dich streng an die Beschreibung und die Zeichnung hältst, kann dieser Trick gar nicht schiefgehen.

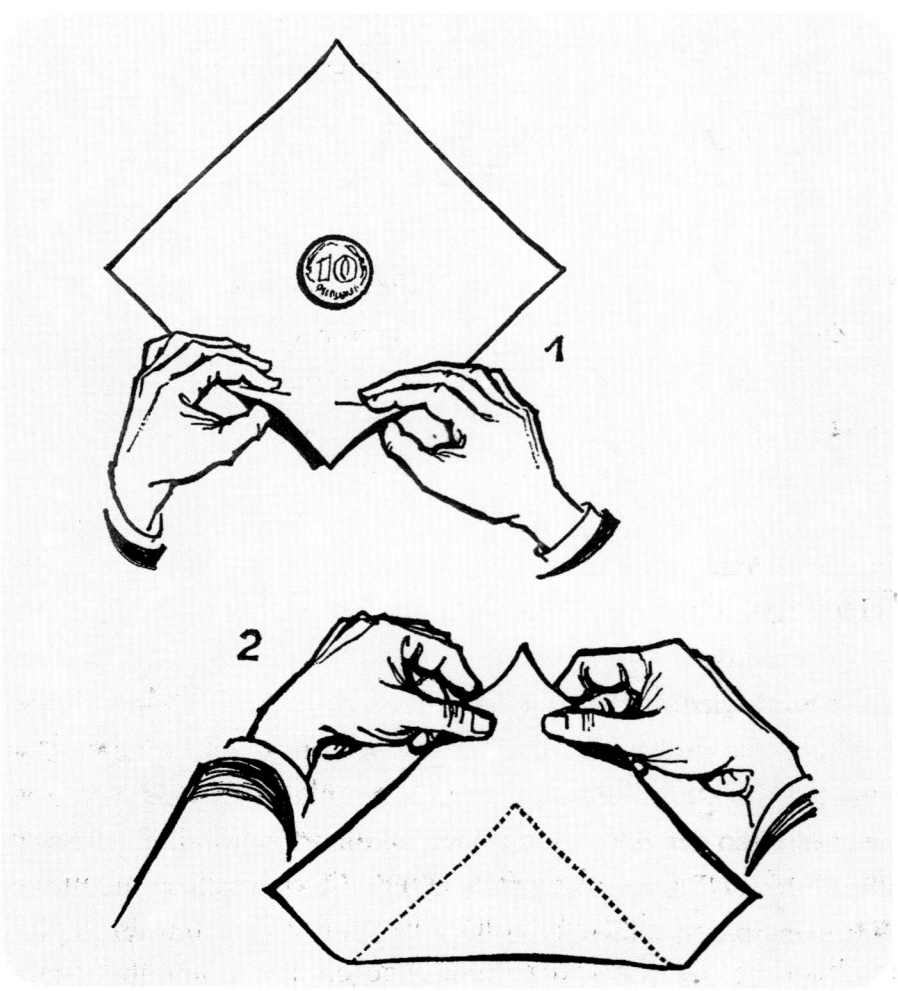

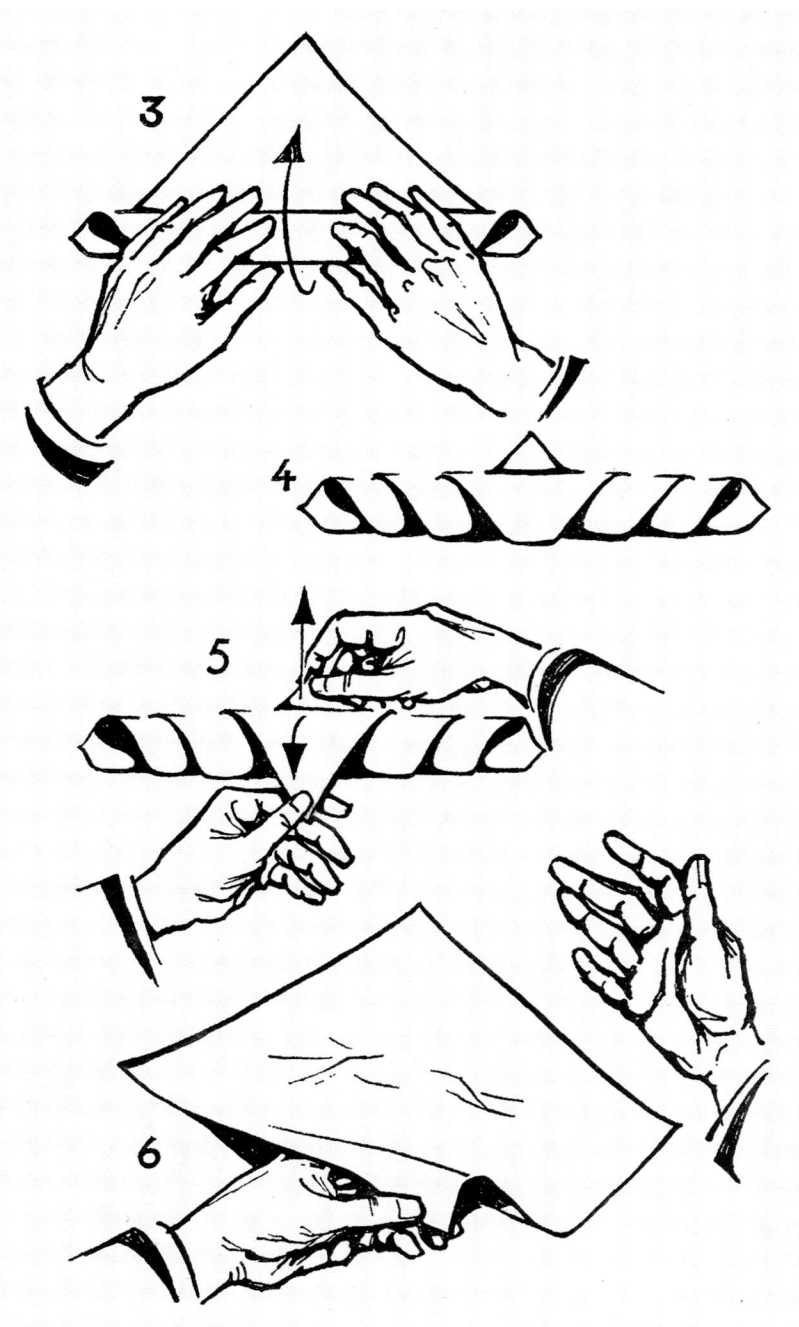

EIN TOLLER HELLSEH-TRICK

Zubehör

1 Bleistift, einige leere Zettel

Effekt

Es werden einige Zuschauer von dem Zauberer aufgefordert, verschiedene Städtenamen oder bekannte Politiker zu nennen. Der Zauberkünstler schreibt die ihm zugerufenen Worte auf verschiedene Zettel. Diese werden gemischt und einer davon wird von einem Zuschauer in freier Wahl gezogen. Die restlichen Zettel werden verbrannt und nun nennt der Zauberer den Namen, der auf dem gezogenen Zettel steht – es ist verblüffend!

Trickausführung

Das Geheimnis dieses wirkungsvollen Zauberkunststückes ist in seiner Einfachheit geradezu als frech zu bezeichnen.

Du schreibst nämlich auf alle leeren Zettel, die du hast, immer das gleiche Wort auf, und zwar das, welches dir zuerst zugerufen wurde. Die Zettel werden jetzt gemischt und mit der unbeschriebenen Seite nach oben gehalten. So lässt du also verdeckt einen Zettel ziehen. Diesen Zettel behält der Zuschauer bei sich. Die übrigen Zettel musst du sofort verbrennen, damit niemand hinter dein Geheimnis kommt.

Jetzt bittest du den Zuschauer, er möge sich ganz auf das geschriebene Wort konzentrieren. Nach einer kleinen Spannungspause nennst du dann das dir bekannte Wort.

Noch geheimnisvoller und undurchschaubarer kannst du dieses Zauberkunststück machen, wenn du jeweils den beschriebenen Zettel sofort in einen Umschlag steckst und diesen verschließt. Auch bei dieser Ausführung müssen aber die nicht gewählten Briefumschläge verbrannt oder vernichtet werden.

GEDANKENÜBERTRAGUNG

Zubehör

1 Kartenspiel, 1 Zettel, 1 Bleistift

Effekt

Aus dem Kartenspiel nimmt der Zauberkünstler mehrere Karten heraus und bildet davon 2 Päckchen. Außerdem erklärt er: er werde eine Vorhersage niederschreiben. Hierauf nimmt er einen Zettel und schreibt etwas darauf. Den Zettel verschließt er in einem Briefumschlag. Den Briefumschlag mit der Vorhersage bekommt ein Zuschauer zur Aufbewahrung. Derselbe Zuschauer darf nun

eines der beiden Päckchen wählen und die Vorhersage dem Briefumschlag entnehmen. Vorhersage und gewähltes Kartenpäckchen
stimmen dann überein.

Trickausführung

Du nimmst aus dem Kartenspiel 4 Siebener-Karten heraus und
legst sie verdeckt auf den Tisch. Das zweite Päckchen bildest du
aus 7 x-beliebigen Karten.
Außerdem schreibst du auf einen Zettel folgenden Text: „Sie werden 7 wählen." Dieser Zettel wird nun in einen Briefumschlag
gesteckt und dem Zuschauer zur Aufbewahrung übergeben. Der
Zuschauer wählt dann von den beiden Päckchen eines nach freier

Wahl. Hierauf ergreifst du sofort das gewählte Päckchen und erklärst, dass du bereits in der schriftlichen Voraussage die Päckchenwahl vorausgesagt hattest. Wählt der Zuschauer die 7 Stück verschiedenen Karten, so stimmt die Zahl 7 auf dem Zettel genau mit der Kartenanzahl überein. Wenn aber die 4 Stück Siebener-Karten gewählt werden, so passt die Zahl 7 ebenfalls, die auf dem Zettel steht, denn es sind die 7er-Karten.

Richtig vorgeführt ist dies ein undurchschaubares Kartenkunststück und sehr verblüffend. Es kann jedoch nur einmal vor demselben Zuschauerpublikum vorgeführt werden.

Variante

Du kannst dieses Zauberstück noch erweitern, indem du aus 4 Kartenpäckchen eines auswählen lässt. Damit auch hier wieder der Wert 7, wie in der Voraussage, herauskommt, müssen noch 2 Päckchen gebildet werden Dafür nimmst du einen König und eine Dame, beide Karten ergeben zusammen den Spielwert 7, denn der König zählt 4 und die Dame 3. Das zweite zusätzliche Päckchen enthält 2 Buben (Kartenwert je 2) und eine Dame (Kartenwert 3). Ergibt zusammen 7.

Besonders verblüffend für den Zuschauer ist die Tatsache, dass er ein Päckchen von 4 auswählen kann, deren Kartenanzahl verschieden groß ist.

KARTEN-FRECHHEIT

Zubehör

1 Kartenspiel

Effekt

Vom Kartenkünstler wird ein normales Kartenspiel gefächert vorgezeigt. Die Karten werden wieder zu einem Päckchen geordnet und der Künstler lässt von dem aufgefächerten Spiel eine Karte verdeckt ziehen. Diese Karte wird wiederum verdeckt in das Päckchen geschoben. Der Künstler zieht die oberste Karte ab, zeigt sie dem Publikum mit der Fragestellung: „War es diese Karte?" Der Zuschauer verneint. Die Karte wird oben auf das Spiel gelegt und der Künstler blättert das Kartenspiel auf den Tisch, wo als einzige verkehrt liegende Karte die Ausgewählte zu sehen ist.

Trickausführung

Ein normales Kartenspiel wird von dir in der rechten Hand gut ausgefächert und von beiden Seiten vorgezeigt. Du kehrst dann die Rückseite des Fächers den Zuschauern zu und drehst beim Zusammenschieben die oberste Karte um, so siehst du also die oberste und unterste Karte mit der Rückseite. Jetzt wird das Spiel

um 180° gedreht und wiederum ausgefächert. Du musst hierbei darauf achten, dass die Karte nicht zum Vorschein kommt. Die Rückseite des Kartenfächers zeigt also nach oben. So lässt du von einem Zuschauer verdeckt eine Karte ziehen. Während sich der Zuschauer die Karte ansieht, fächerst du wieder zusammen und drehst das Päckchen wieder um. Diese Bewegungen müssen natürlich schnell erfolgen, damit die Zuschauer keinen Verdacht schöpfen. In das geschlossene Päckchen, auf dessen Oberseite die einzelne Karte mit dem Rücken nach oben liegt, wird die vom Zuschauer gezogene Karte verdeckt eingeschoben. Hier auf ziehst

du die oberste, verkehrt liegende Karte ab. Diese ist selbstverständlich nicht die vom Zuschauer gezogene Karte. Die Karte wird nun mit der Bildseite nach oben auf das Päckchen zurückgelegt. Dasselbe wird wiederum um 180° gedreht, so dass die Rückenmusterung der Karten wieder nach oben zeigt. Die rechte Hand ergreift jetzt das Päckchen mit Daumen-, Mittel- und Ringfinger an den Schmalseiten des Kartenpäckchens und blättert es auf den Tisch. Die vom Zuschauer gezogene Karte liegt als einzige Karte umgekehrt im Spiel.

DIE MAGISCHEN SCHALLPLATTEN

Zubehör

3 Schallplatten 175 mm Durchmesser, 1 Holzstab, 1 Augenbinde

Effekt

Zu Beginn des Experimentes erklärt der Vorführende, dass er nun zu einem der sensationellsten Kunststücke seines Programms komme. Der Zauberer verteilt drei Schallplatten unter die Zuschauer. Mit einer schwarzen Augenbinde lässt er sich die Augen verbinden und eine vom Publikum frei gewählte Schallplatte geben. Diese Platte wird von ihm auf einen kleinen Stab gesteckt. Den Stab in der Hand haltend, bringt der Künstler die Platte zum Drehen.

Plötzlich summt der Zauberer den Liedanfang vor sich hin und ist in der Lage, trotz verbundener Augen das Lied der Schallplatte zu benennen, die vom Zuschauer ausgewählt worden ist.

Trickausführung

Diese mental-telepathische Vorführung ist in seiner Wirkung bei guter Einübung unübertroffen.

Du kannst dir hierzu tatsächlich die Augen verbinden lassen. Die Erklärung für das ganze Geheimnis ist der kleine Holzstab.

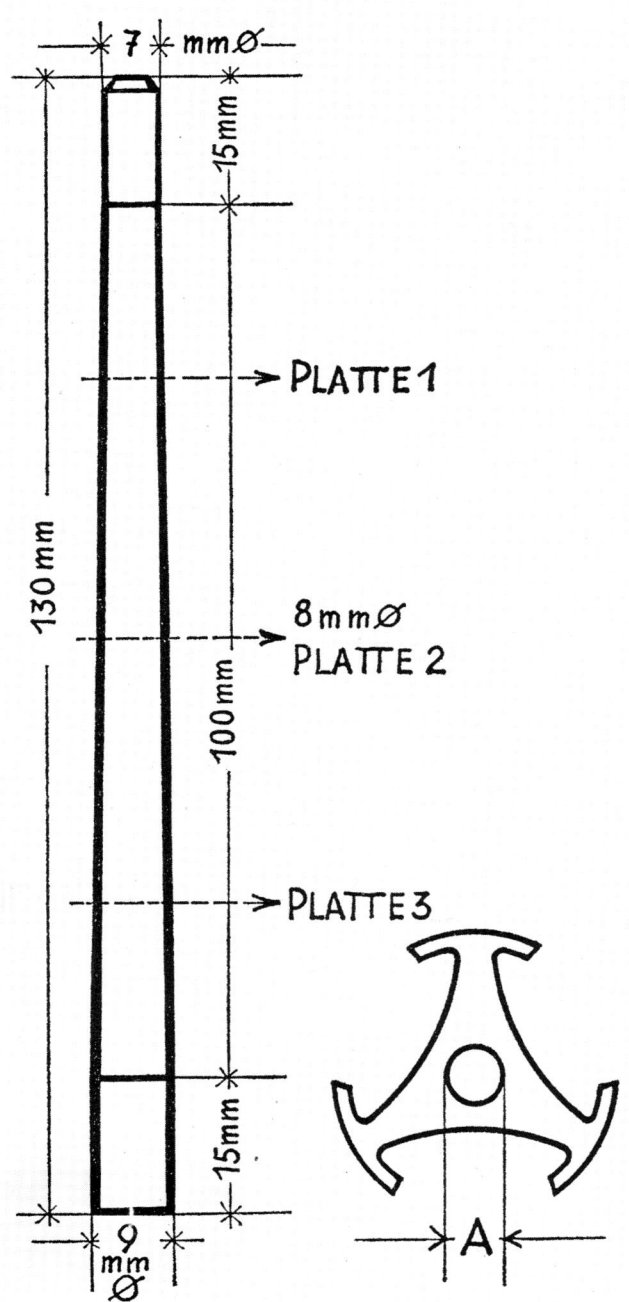

7 mm⌀

15mm

→ PLATTE 1

130 mm

8 mm⌀
→ PLATTE 2

100mm

→ PLATTE 3

15mm

9
mm
⌀

A

49

Eine weitere Vorbereitung musst du an den Schallplatten vornehmen. Die Schallplatten haben ja einen kleinen Dreiersteg in der Mitte. Dieser hat in der Mitte ein Loch, durch das die Schallplatte auf den Dorn des Plattenspielers aufgelegt wird. Von den drei in Frage kommenden Schallplatten musst du also diese Bohrung – A siehe Abbildung – verschieden groß ausfeilen. Durch diese Maßnahme können die Schallplatten dann nur auf eine bestimmte Höhe auf den Holzstab aufgeschoben werden. Du merkst dir also genau das Lied jeder Schallplatte und die dazugehörige Aufsteckstellung auf den Holzstab.

Da du vom Publikum eine gewählte Platte erhältst, kannst du nach dem Aufstecken auf den Stab beim Abtasten der überstehenden Stablänge genau ermitteln, um welche Schallplatte es sich handelt. Zur Ablenkung des Publikums wird die Platte in Drehung versetzt und dann nennst du den Liedanfang.

Führe aber bitte diesen Trick vor dem gleichen Publikum nur einmal vor. Bei einer Wiederholung würden sicher einige Zuschauer bemerken, dass die Scheibe eine andere Stellung auf dem Stab einnimmt als vorher.

Damit du die einzelnen Platten leicht unterscheiden kannst, sollte der Durchmesser des Dreiersteges so ausgefeilt werden, dass auf dem Stab in hochgeschobener Stellung die Platten mindestens 25 mm voneinander entfernt sitzen.

Solltest du keine Schallplatten besitzen oder auftreiben können, so kannst du diesen Trick abändern, indem du anstelle der Schallplatten verschiedenfarbige Pappscheiben anfertigst. In diesem Fall muss dann anstelle des Liedes die Farbe benannt werden.

Schallplatten werden auch auf Flohmärkten angeboten.

EIN RAFFINIERTER KARTENTRICK

Zubehör

1 normales Kartenspiel mit Kartenschutzhülle

Effekt

Aus einem gut durchgemischten Kartenspiel lässt der Magier eine Karte verdeckt ziehen. Der Künstler bildet aus den restlichen Karten ein Päckchen, das er in seiner linken Hand haltend weit von sich streckt. Die Bildseite ist den Zuschauern zugewandt. Die gezogene Karte kommt als unterste auf das Päckchen. Da die Karten weit vom Vorführenden weggehalten werden, ist es ihm unmöglich, die unterste Karte zu erkennen.

Das Päckchen wird in die Schutzhülle gesteckt und die Hülle verschlossen. Dann bittet der Vorführende darum, dass sich der Zuschauer auf die gezogene Karte konzentriert. Der Magier führt das Päckchen vor seine Stirn, konzentriert sich ebenfalls und nennt dann Farbe und Wert der gezogenen Karte.

Trickausführung

Wie beim Effekt beschrieben, lässt du aus einem Kartenfächer, dessen Rückseite nach oben zeigt, eine Karte verdeckt ziehen.

Dann bildest du aus den Karten ein Päckchen, das du zwischen Daumen und den Fingern weit von dir hältst. Die gezogene Karte kommt, mit der Bildseite zu den Zuschauern weisend, als unterste auf das Päckchen. Dieses Kartenpäckchen steckst du dann in die bereitgehaltene Schutzhülle. Damit du nun Farbe und Wert der unteren Karte erkennen kannst, erhält die Schutzhülle im Klappdeckel eine Präparation, die du vorher dort anbringst.

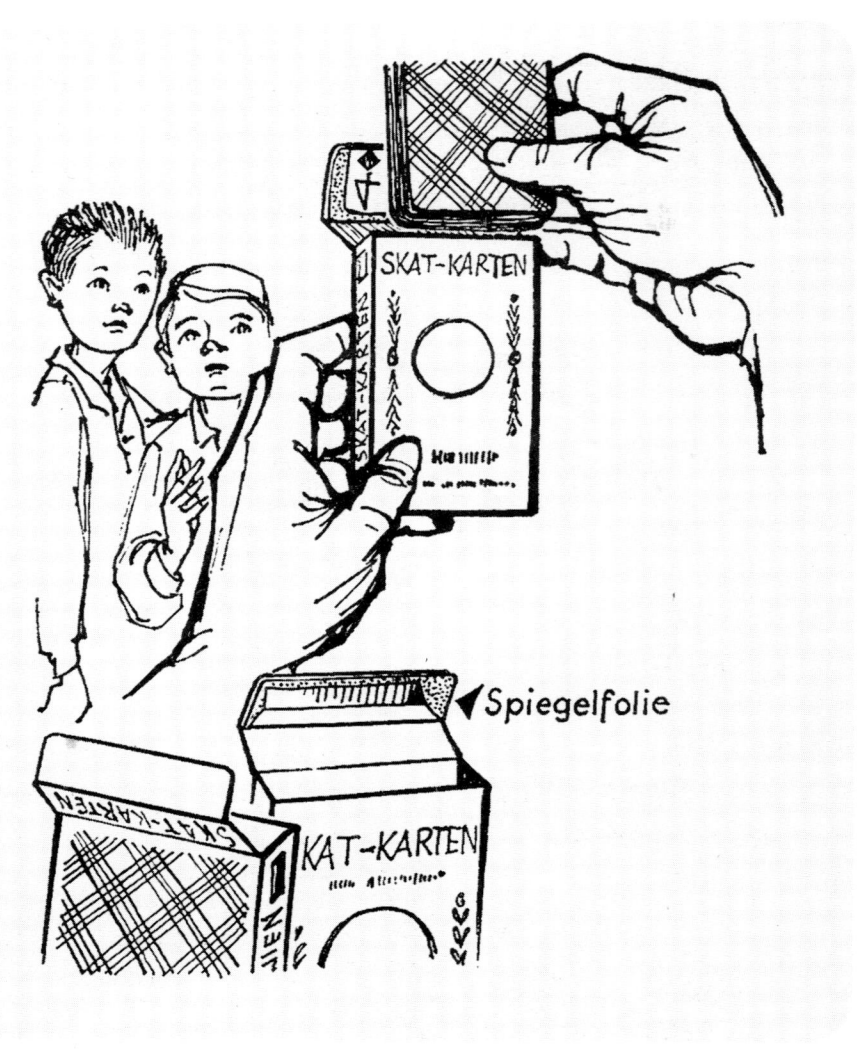

Spiegelfolie

Die Innenseite der Klappe wird mit einer Spiegelfolie beklebt. Beim Einführen des Kartenpäckchens in die Schutzhülle brauchst du nur die Schutzhülle etwas schräg zu halten und der Wert der untersten Karte ist für dich im Spiegel gut zu erkennen.

Nun kommt es darauf an, dass du den Trick noch etwas spannend gestaltest und dann erst Farbe und Kartenwert nennst.

WÜRFEL-BALL-VERWANDLUNG

Zubehör

1 Schaumgummiwürfel, 1 Tischtennisball

Effekt

Dem Publikum wird vom Künstler ein Schaumgummiwürfel gezeigt. Der Würfel wird durch die Überdeckung mit der anderen Hand den Augen des Publikums entzogen. Nach einigen reibenden Bewegungen hat sich der Würfel plötzlich in einen weißen Ball verwandelt. Der Würfel ist verschwunden, und beide Hände sind leer.

Trickausführung

Für dieses nette Kunststück ist zunächst eine kleine Bastelarbeit erforderlich.

Ein weißer Tischtennisball wird vorsichtig mit einer Rasierklinge oder einem scharfen Messer aufgeschnitten, so dass eine kleine Öffnung von etwa 26 mm Durchmesser entsteht. Auf einem Blatt Sandpapier wird die Schnittfläche am Tischtennisball glatt geschmirgelt. Dann besorgst du dir einen Schwamm, aus dem du ein Würfelstück mit einer Seitenlänge von 50 mm herausschneidest. Du musst hierzu einen sogenannten Industrieschwamm verwenden, d. h. einen Schwamm, der künstlich hergestellt wurde. Ein Naturschwamm ist für dieses Experiment ungeeignet. Mit einer kleinen Nagelschere schneidest du vorsichtig in diesen Wür-

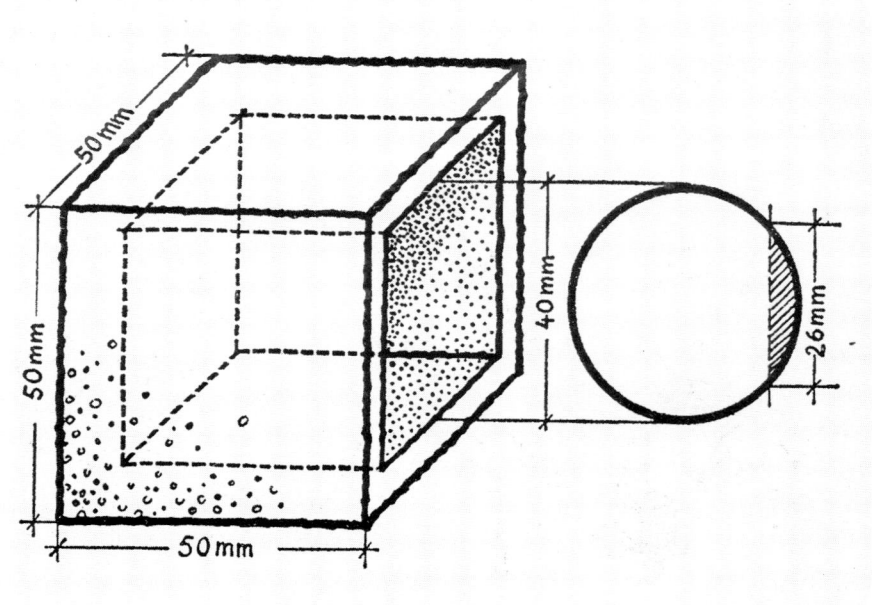

fel einen würfelartigen Hohlraum hinein. Du musst dabei beachten, dass du beim Herausschneiden des Innenraumes nicht an den übrigen 5 Flächen des Würfels durchbrichst. Der Würfelhohlraum muss gerade so groß sein, dass der Tennisball darin Platz hat.

Und nun zu der Vorführung:

In den hohlen Schaumgummiwürfel wird der weiße Lochball gesteckt. Du zeigst den so präparierten Würfel auf der linken Handfläche vor. Die offene Seite liegt auf dem Handteller auf. Unter Deckung der rechten Hand wird der Würfel gekippt. Hierbei drückt die linke Hand den Schaumgummiwürfel zusammen, wobei der weiße Ball herausgedrückt wird. Unter leichtem Hin- und Herbewegen der Hände steckst du nun den Schaumgummi in den hohlen Ball hinein und zeigst diesen vor. Der Ball ist erschienen.
Es macht nichts, wenn du für das Hineinpraktizieren des Schaumgummiwürfels einige Zeit benötigst. Du musst nur darauf achten, dass beide Hände immer in Bewegung bleiben.

VARIANTE 1

Effekt

Ein kleiner weißer Ball, den der Vorführende als massiven Ball vorgezeigt hat, ändert plötzlich seine Form, indem er sich in einen wesentlich andersfarbigen Würfel verwandelt.

Trickausführung

In den weißen Hohlball wird der Schaumgummiwürfel zusammengepresst hineingesteckt. Du zeigst den Ball vor, und zum Beweis, dass derselbe massiv ist, klopfst du mit dem Zauberstab dagegen.

Die Öffnung im Ball muss selbstverständlich von den Zuschauern abgekehrt sein. Der Ball wird dann in die linke hohle Hand gelegt und die Hand bewegt. Hierbei ziehen die Finger der rechten Hand den hohlen Schaumgummiwürfel aus der Ballöffnung. Sobald der Schaumgummi frei ist, wird der Ball in den Hohlwürfel hineinpraktiziert.

Nun kann der erschienene Würfel vorgezeigt werden.

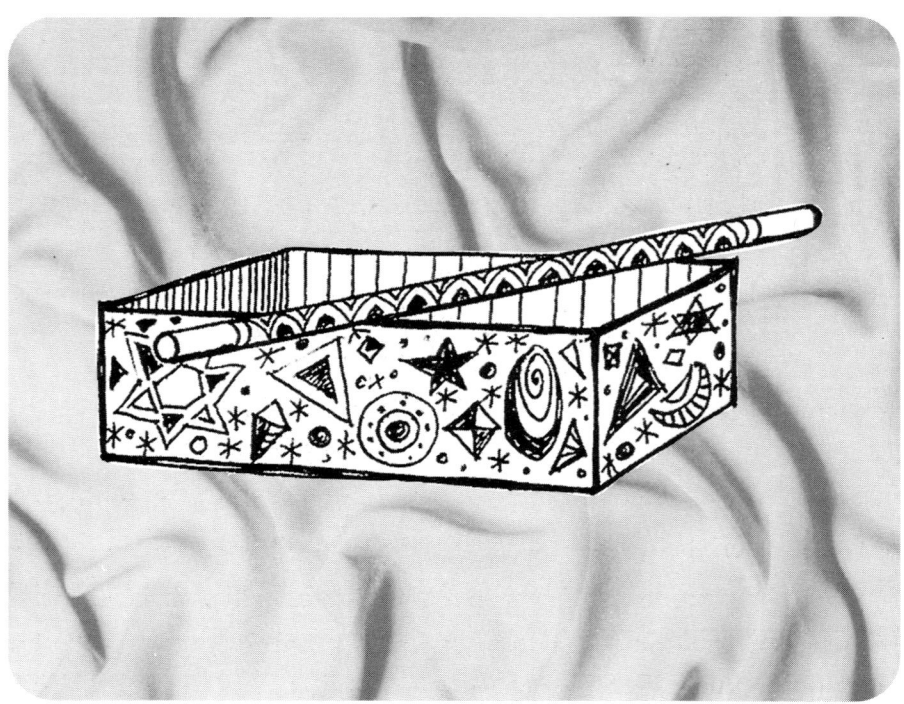

EINE TUCH-BALL-VERWANDLUNG

Zubehör

1 Seidentuch 28 x 28 cm, 1 Tischtennisball

Effekt

Ein farbiges kleines Seidentuch zeigt der Künstler von beiden Seiten leer vor. Auch beide Hände sind einwandfrei leer. Sogar seine Ärmel stülpt der Vorführende zurück. Dann ergreift er das soeben abgelegte Seidentuch und reibt es zwischen seinen Händen, wobei es immer kleiner wird. Zur großen Überraschung aller Zuschauer ist plötzlich das Tuch verschwunden. An dessen Stelle ist ein massiver kleiner Ball erschienen.

Trickausführung

Hierzu verwendest du wieder den hohlen Tischtennisball, außerdem noch ein kleines farbiges Seidentuch. Zunächst zeigst du das Tuch von beiden Seiten vor. Dann legst du es über die am Anfang beschriebene Servante, so dass es auf der Vorder- und auf der Rückseite mit einem Zipfel herabhängt. An der hinteren Rückseite der Servante unter dem Tuch befindet sich der Lochball, der dort mit einem kleinen Drahtbügel aufgehangen wurde. Sobald du das Tuch abgelegt hast, streifst du deine Ärmel zurück. Da für die Zuschauer das Seidentuch ständig sichtbar bleibt, wird kein Verdacht geschöpft. Du ergreifst dann das eben abgelegte Tuch und nimmst dabei den kleinen Lochball mit auf. Lochball und Tuchzipfel kommen jetzt in die linke Hand. Unter leichten Bewegungen beider Hände stopfst du nun das Seidentuch durch die Öff-

nung in den Hohlball. Die Finger der rechten Hand halten den Ball mit der Öffnung nach hinten und verdecken sie. Die linke Hand geht langsam von der rechten Hand weg, und der Ball wird sichtbar.

Willst du den Trick noch geheimnisvoller gestalten, so musst du dir einen zweiten massiven Tischtennisball besorgen, den du gegen den Hohlball auswechselst und den Zuschauern zur Untersuchung gibst.

DIE VERHEXTEN STREICHHÖLZER

Zubehör

2 Streichholzschachteln, eine der Streichholzschachteln ist präpariert.

Effekt

Ein Zuschauer wird vom Vorführenden aufgefordert, mit ihm zusammen ein Experiment auszuführen. Der Zauberer zeigt zwei Streichholzschachteln vor, deren Schubladen er etwas geöffnet hat. Eine Schachtel bekommt der Helfer. Die andere Schachtel behält der Künstler. Der Mitspieler wird jetzt aufgefordert, dem Zauberer alle Bewegungen nachzumachen. Die Schachteln werden etwas geöffnet und geschüttelt. Dann werden sie verkehrt auf den Tisch gelegt. Der Vorführende und der Zuschauer machen einige magische Bewegungen über der Schachtel. Dann wird der Schachteleinsatz vollkommen herausgeschoben und hochgehoben. Während beim Helfer die Streichhölzer alle herausfallen, bleiben sie in der Schachtel des Zauberers, auf magische Weise irgend wie festgehalten.

So entsteht der Eindruck, als wären beim Magier die Streichhölzer verschwunden.

Der Zauberkünstler steckt dann die Schachtel wieder in die Hülle, dreht die Streichholzschachtel um, schüttelt sie wieder und zeigt damit, zur Überraschung der Zuschauer, dass die Streichhölzer noch in der Schachtel sind.

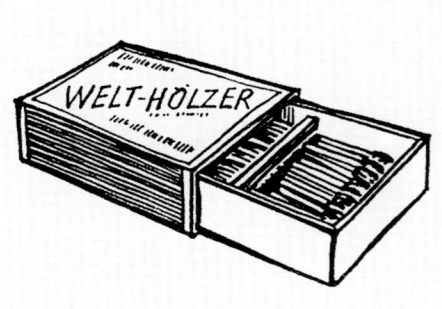

Trickausführung

Die Abbildung erklärt bereits das ganze Trickgeheimnis. Die Streichholzschachtel, die du behältst, ist etwa halb mit Streichhölzern gefüllt. Quer zu den Hölzchen wird ein in entsprechender Länge abgeschnittenes Streichholz festgeklemmt, damit die Streichhölzer nicht herausfallen können. Dies muss aber so eingekeilt sein, dass die Hölzer beim Schütteln der Schachteln noch ein Geräusch verursachen. Alles übrige wird wie beim „Effekt" beschrieben vorgeführt.

SEIDENTUCH-ERSCHEINUNG

Zubehör

1 präparierte Streichholzschachtel, 1 Seidentuch

Effekt

Der Künstler ergreift eine Streichholzschachtel, öffnet die Schublade der Schachtel und zeigt die darin befindlichen Hölzer. Diese Schublade wird in die Hülle wieder zurückgeschoben, ein Streich-

holz herausgenommen und angezündet. Mit dem brennenden Streichholz werden einige magische Bewegungen um die in der Hand gehaltene Schachtel geführt. Das Streichholz wird ausgeblasen, die Schachtel geöffnet, wo sich zum Erstaunen aller Zuschauer ein kleines Seidentuch eingefunden hat.

Trickausführung

Wie aus der Abbildung unten ersichtlich ist, müssen alle Hölzer um etwa ein Drittel gekürzt werden. Die Streichholzschachtel selbst erhält eine Querwand, die am zweckmäßigsten von einem Seitenteil einer anderen Schachtel hergestellt wird. Der so entstandene Raum nimmt das kleine Seidentuch auf.

Bei der Vorführung schiebst du die Schublade der Schachtel aus der Hülse und verdeckst sofort mit dem Daumen den Seidentuch-Einsatz. Erst dann ziehst du die Hülse ganz ab und zeigst den herausgezogenen Schachteleinsatz mit den darin befindlichen Hölzern flüchtig vor. Jetzt steckst du den Schachteleinsatz sofort in die Hülle zurück und entnimmst ein Streichholz.

Alles übrige geht wie beim Effekt beschrieben vor sich.

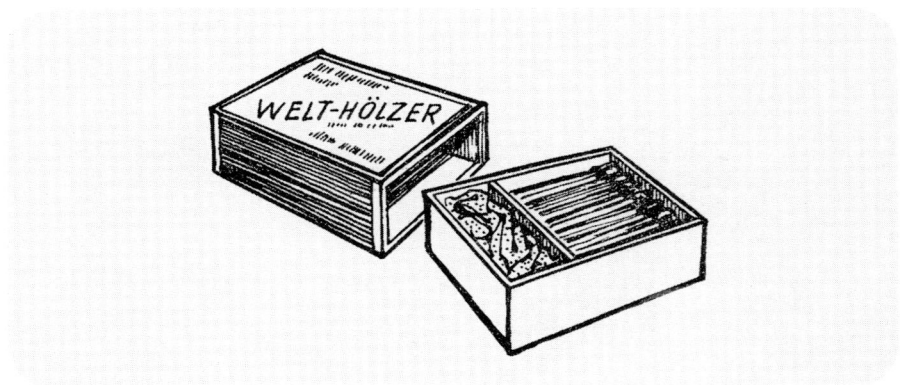

WELCHE STREICHHOLZSCHACHTEL WURDE UMGEDREHT?

Zubehör

4 Streichholzschachteln

Effekt

4 gefüllte Streichholzschachteln gibt der Zauberkünstler an das Publikum zur Untersuchung. Dann werden sie auf einen Tisch ausgelegt. Der Magier erklärt nun, er sei imstande festzustellen, welche Schachtel um 180° gedreht wurde, obgleich er während dieses Vorgangs nicht im Raum war.

Nach diesen Worten geht der Vorführende aus dem Zimmer oder wendet sich um. Sobald einer der Zuschauer eine oder mehrere Schachteln gedreht hat, kommt der Magier wieder an den Tisch. Im Abstand von 10 cm gleitet seine rechte Hand langsam über die Schachteln, und zur größten Verwunderung der Anwesenden bezeichnet er die vom Publikum gedrehten Schachteln. Die Zuschauer, die nun glauben, sie könnten das Geheimnis entdecken, werden die Schachteln genauestens untersuchen. Sie finden jedoch nichts Auffälliges.

Um so größer ist die Verblüffung, wenn der Zauberer sich bereit erklärt, dasselbe Experiment noch einmal zu wiederholen.

Trickausführung

Bei vielen Streichholzschachteln sind die farbigen Ränder an den Schmalseiten der Schachtelhülle verschieden breit. Du suchst dir also 4 Streichholzschachteln, bei denen die Randbreite besonders unterschiedlich ist. Diese 4 Schachteln legst du, wie die Abbildung es dir zeigt, mit der Rückseite nach oben nebeneinander auf einen Tisch oder ein Tablett. Es ist hierbei zu beachten, dass beim ersten Auslegen der Schachteln jeweils die Seiten mit dem breiten Rand nebeneinanderliegen. Du kannst daraufhin den Raum verlassen, während ein Zuschauer eine, gar keine oder mehrere Schachteln dreht. Sofort nach deiner Rückkehr siehst du an der Lage der Schachtelränder, welche gedreht worden ist und welche nicht.

Willst du den Trick wiederholen, dann ist es am besten, wenn du die Streichholzschachteln mehrfach durcheinanderlegst, wobei aber wieder darauf zu achten ist, dass die Randmarkierungen nebeneinanderliegen. Dieser Zaubertrick muss besonders geheimnisvoll vorgeführt werden, dann ist er von großer Wirksamkeit.

EIN GELDSTÜCK DURCHWANDERT EINE STREICHHOLZSCHACHTEL

Zubehör

1 Streichholzschachtel, zwei 10-Pfennig-Stücke, etwas Klebwachs, eventuell 1 kleiner Magnet

Effekt

Vom Vorführenden wird den Zuschauern eine halbgeöffnete Streichholzschachtel gezeigt. Durch Hin- und Herbewegen hört man die in der Schachtel befindlichen Hölzer. Der Künstler erklärt hierzu, dass es sich um eine normale Streichholzschachtel handele. Ein 10-Pfennig-Stück wird auf den Tisch oder auf ein Tablett gelegt. Die Streichholzschachtel wird geschlossen, und das Geldstück mit der Schachtel überdeckt. Sobald nun der Vorführende die Schachtel aufnimmt, ist das Geldstück verschwunden und beim Öffnen der Schachtel ist es dort angekommen.

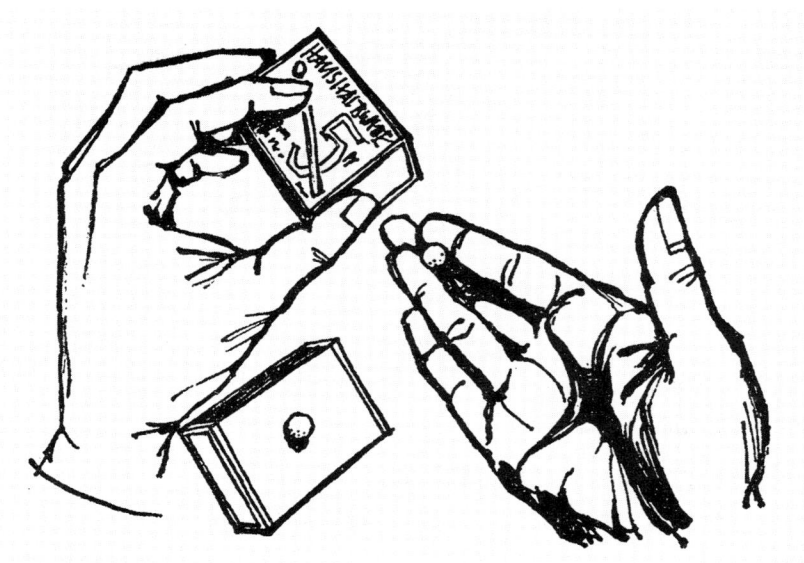

Trickausführung

An dem Boden der Streichholzschachtel bringst du ein kleines Klümpchen Wachs an, dann schiebst du den Schachteleinsatz etwa zur Hälfte heraus und klemmst zwischen Schachtelkante und Hülle ein 10-Pfennig-Stück fest ein.

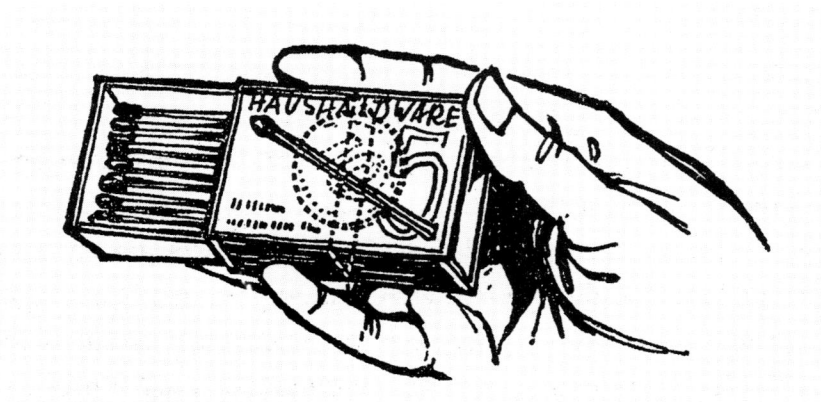

Es ist wichtig, dass diese Präparation so vorgenommen wird, dass man die Hölzer in der Schachtel noch schütteln kann.

Zur Vorführung legst du ein weiteres 10-Pfennig-Stück auf den Tisch und drückst die Schachtel mit dem Wachsklümpchen auf das Geldstück.

Du behauptest jetzt, dass diese Münze von unten her die Schachtel durchwandern werde. Sobald du die Streichholzschachtel wieder hebst, nimmst du gleichzeitig die am Wachs klebende Münze mit auf. Du kannst jetzt die Schachtel öffnen, wobei dann für die Zuschauer die Geldmünze über den Streichhölzern sichtbar wird. Wenn du geschickt bist, wird es dir keine Mühe bereiten, das Wachs samt der daranklebenden Münze zu entfernen. So kannst du dann die Schachtel noch zur Untersuchung dem Publikum übergeben.

VARIANTE

Eine wesentlich leichtere und sichere Ausführung des Tricks ist möglich, wenn du in den Schachtelboden einen kleinen Magneten einklebst und diesen dann wieder mit Streichhölzern ganz überdeckst. Durch den Magnet bleibt die auf dem Tisch befindliche Münze nach dem Auflegen der Streichholzschachtel am Boden haften. Du hebst dann die Schachtel mit Daumen und Zeigefinger der linken Hand hoch, fasst mit den Fingern der offenen rechten Hand unter die Schachtel. Der Daumen drückt auf die Titelseite der Streichholzschachtel. Die linke Hand lässt die Schachtel los, die rechte Hand wird so gedreht, dass die Finger nach oben zeigen, und so gibst du einem Zuschauer die Streichholzschachtel hin. Dabei forderst du ihn auf, er solle nachsehen, ob die Münze wirk-

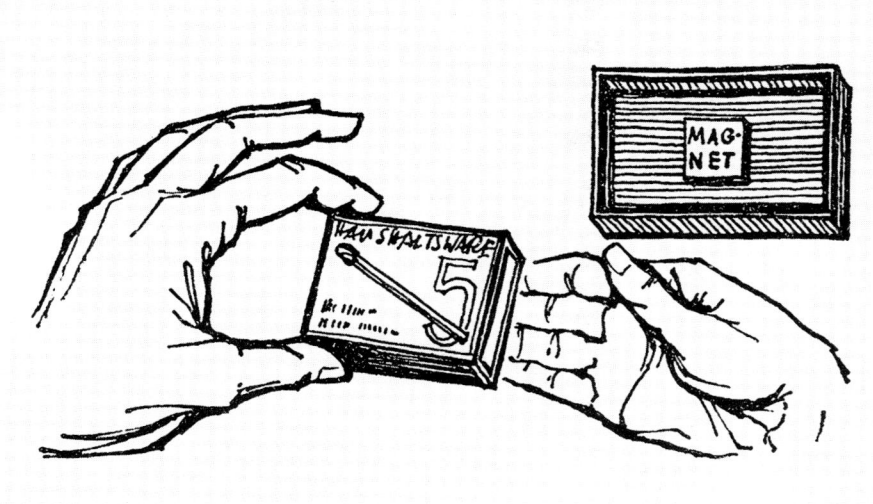

lich in der Schachtel angekommen sei. Während dir der Zuschauer die Schachtel aus den Fingern zieht, ziehst du die Münze einfach ab, wobei der Daumen die Münze nach dem Freiwerden sofort gegen Zeige-, Mittel- und Ringfinger drückt. Während sich die Zuschauer auf den Inhalt der Streichholzschachtel konzentrieren, hast du Gelegenheit, die Münze unbemerkt verschwinden zu lassen.

BLINDE KUH

Zubehör

Mehrere Bleistifte und mehrere Papierzettel von gleicher Größe

Effekt

Zu Beginn der nun folgenden Vorführung erklärt der Magier, dass er auch hellsehen kann. Er wolle dies gleich beweisen und teilt hierzu etwa 10 weiße Zettel aus. Die Anwesenden werden gebeten,

jeweils auf die Zettel einen Jungennamen aufzuschreiben. Die so beschrifteten Zettel werden einmal längs und einmal quer gefaltet. Die beschriebenen Zettel werden eingesammelt und kommen zusammen in einen Hut oder in ein Gefäß. Hierauf wird nochmals eine gleiche Anzahl Zettel verteilt, auf die die Zuschauer jeweils einen Mädchennamen schreiben sollen. Auch diese Zettel werden, wie vorher beschrieben, gefaltet und kommen zu den anderen in den Behälter. Jetzt lässt sich der Zauberer die Augen verbinden. Dann greift er in den Behälter hinein, nimmt einen Zettel heraus, hält ihn hoch und sagt sofort, ob ein Jungen- oder ein Mädchenname darauf steht. Der Zettel wird sofort unter den Zuschauer geworfen, damit er kontrolliert werden kann. Dies ist ein unerklärliches und sehr wirkungsvolles Experiment.

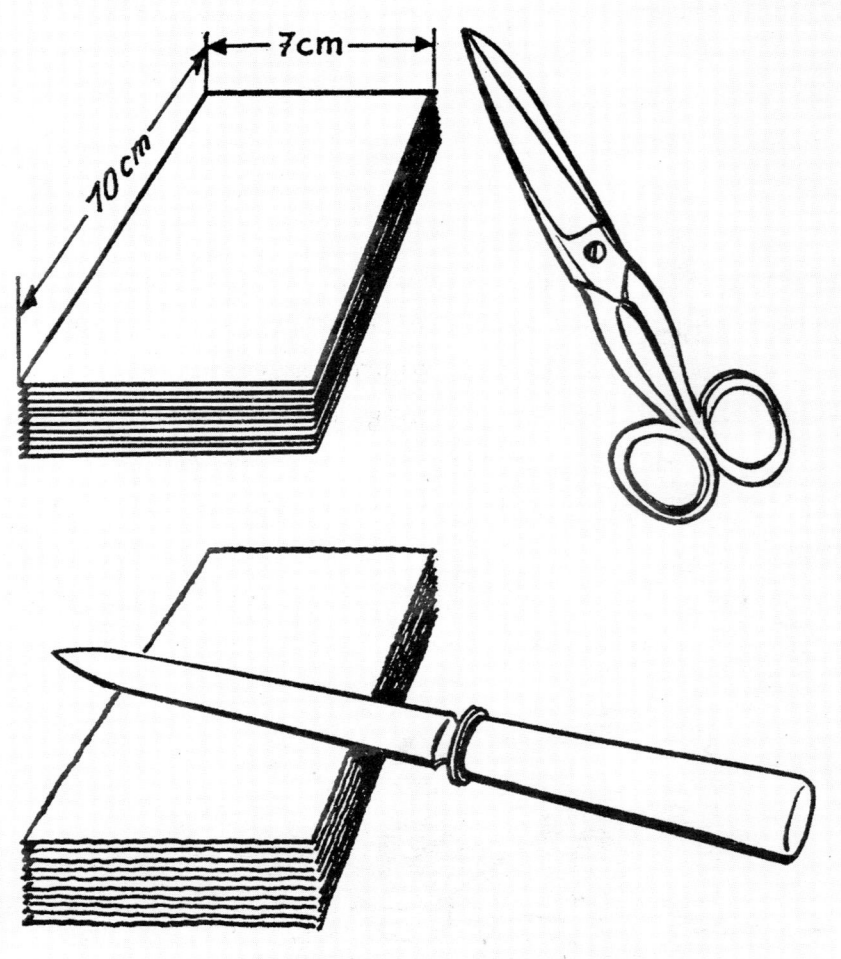

Trickausführung

Man nimmt zwar gleich große, aber an den Schnittkanten verschiedene Zettel. Die Zettelgröße beträgt am besten etwa 10 x 7 cm. Etwa 10 Zettel werden sorgfältig auf die angegebene Größe zugeschnitten.

Weitere 10 Zettel werden auf die gleichen Maße gebracht; jedoch wurden nach mehrfachem Falten die Kanten gerissen oder mit einem stumpfen Brieföffner geteilt.

Dies ist das ganze Trickgeheimnis.

Du teilst also zuerst die geschnittenen Blätter aus und lässt darauf die Jungennamen schreiben. Dann werden die Zettel mit den gerissenen Kanten verteilt. Auf diese werden die Mädchennamen geschrieben. Du kannst dir jetzt die Augen verbinden lassen und erkennst diese Zettel durch das Befühlen der Schnittkanten. Nach etwas Übung wird es dir mühelos gelingen, mit absoluter Sicherheit die gerissenen von den geschnittenen Zetteln durch Betasten der zusammengefalteten Kanten zu unterscheiden.

DAS WUNDERTUCH

Zubehör

1 Tuch in der Größe von etwa 40 x 40 cm, 1 Wachsklümpchen oder besser ein Stück doppelseitigen Tesafilm, 1 Päckchen Spielkarten

Effekt

Ein Päckchen Spielkarten kommt auf den Tisch. Dies bedeckt der Magier mit dem Zaubertuch. Er schlägt die Enden des Tuches zur

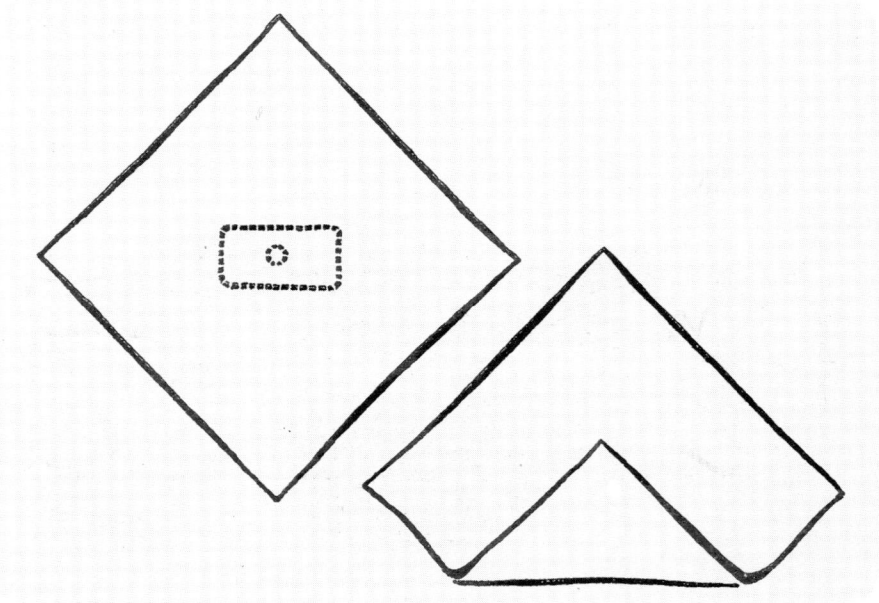

Mitte ein, zieht dann das Tuch auseinander, legt es wieder auf den Tisch und schlägt die Ecken erneut ein. Dann führt er eine magische Beschwörung aus, schlägt die Ecken des Tuches zurück, und in dem Tuch ist eine Spielkarte erschienen.

Trickausführung

Du legst das Spielkarten-Päckchen quer vor dich hin und legst das Tuch darüber, in dessen Mitte du vorher das Wachsklümpchen befestigt hast. Besser ist es jedoch, wenn du die Präparation mit einem doppelseitigen Tesafilm vornimmst. Das Tuch wird jetzt über das Päckchen gelegt (Abb.). Wenn du den ersten Tuchzipfel einschlägst, übst du in der Mitte des Päckchens einen Druck aus, und die oberste Spielkarte des Päckchens haftet am Tesafilm.

Dann schlägst du die übrigen beiden Ecken ein (Abb.). Nun folgt noch der letzte Tuchzipfel (Abb). Jetzt ergreifst du den zweiten und dritten Zipfel (von oben gesehen) und ziehst das Tuch auseinander (Abb.). Hierauf legst du das Tuch von dir weg wieder auf den Tisch, wobei dann ein Zipfel praktisch eingeschlagen ist (Abb.). Jetzt werden wieder die anderen Tuchecken zur Mitte gelegt, wie es die Abbildung zeigt.

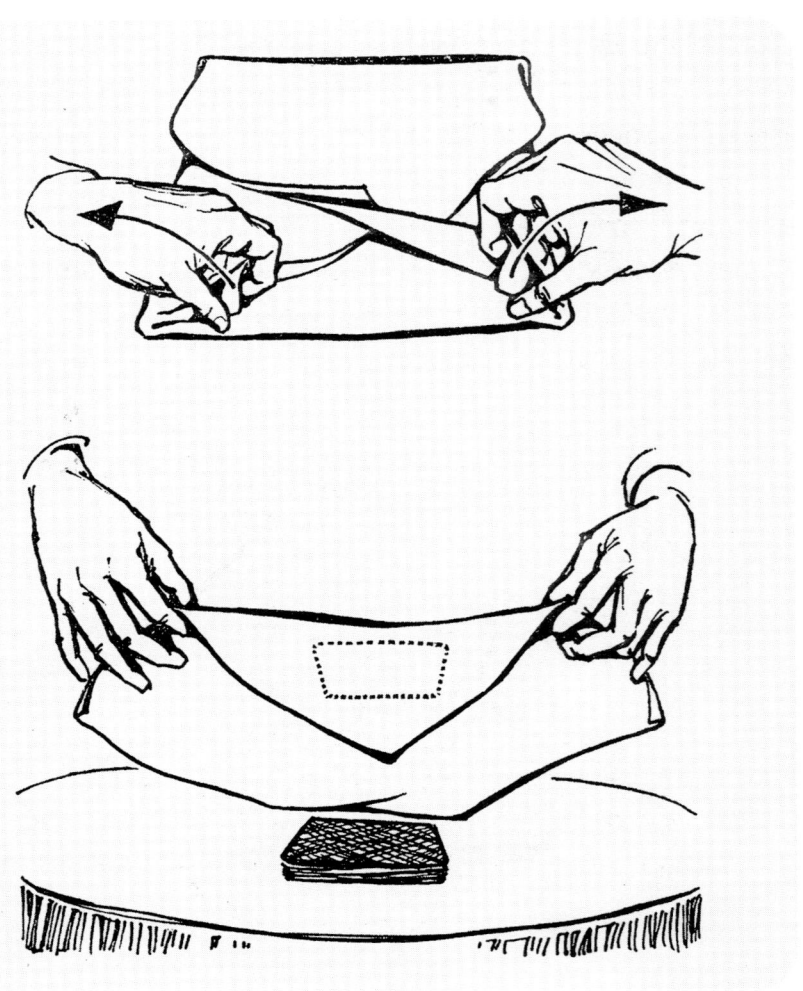

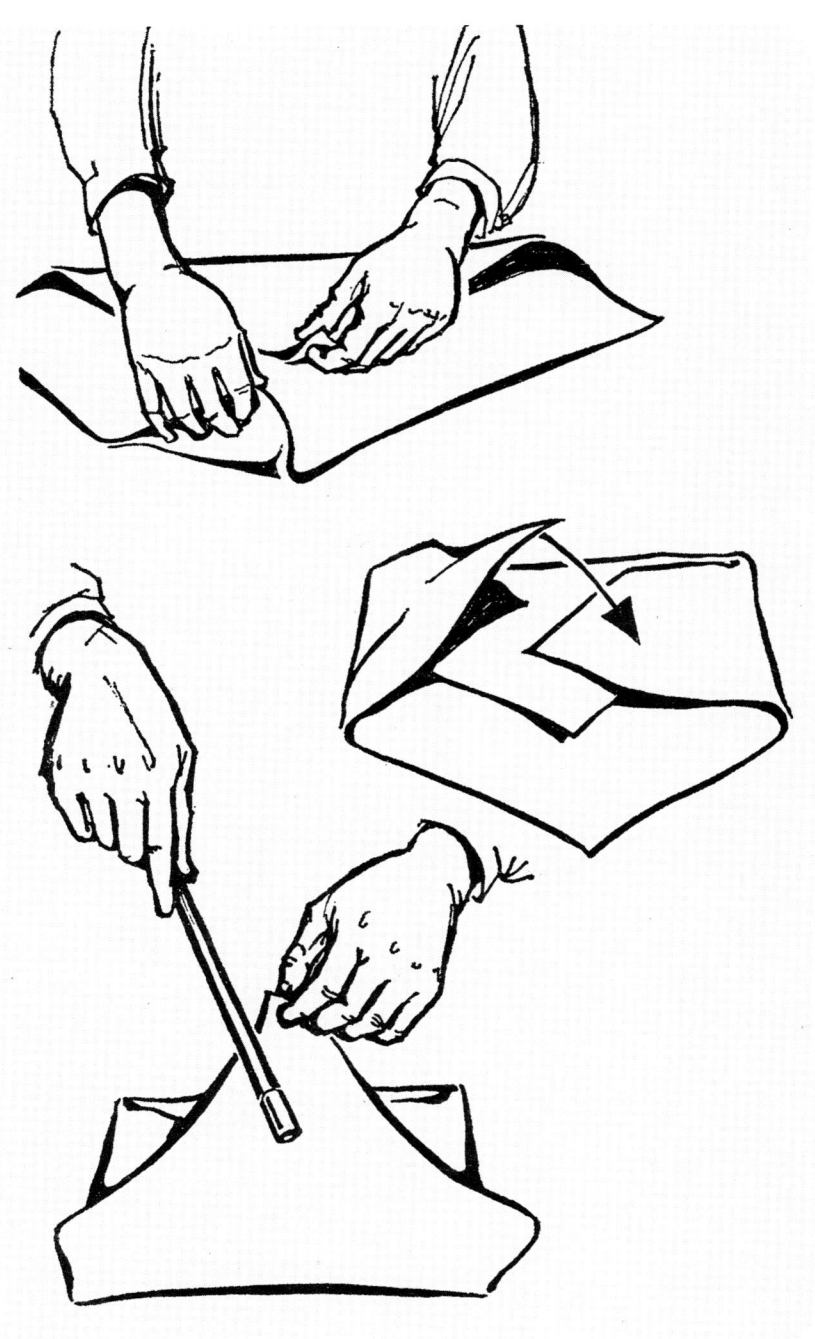

Um den Trickablauf etwas spannend zu gestalten, ergreifst du einen Zauberstab, sprichst eine Zauberformel und schlägst die Tuchecken zurück. Im Tuch ist dann eine Spielkarte mit der Bildseite nach oben erschienen. Es ist wichtig, dass das Tuch nicht durchsichtig ist, außerdem bedarf dieser Trick einiger Übung, bei der du selbst ermitteln musst, wie das Tuch zu ergreifen ist, wenn es das erstemal umgeschlagen wird. Mit einiger Übung wird es dir sicher gelingen, den Trickablauf so fesselnd zu gestalten, dass alles ganz natürlich wirkt.

MAGISCHER WIND

Zubehör

1 Schachtel Streichhölzer

Effekt

Vom Zauberer wird ein Streichholz angezündet, welches er weit von seinem Körper weg in der rechten Hand hält. Er winkelt noch den linken Arm an und pustet in den Ärmel. Der Luftzug ist

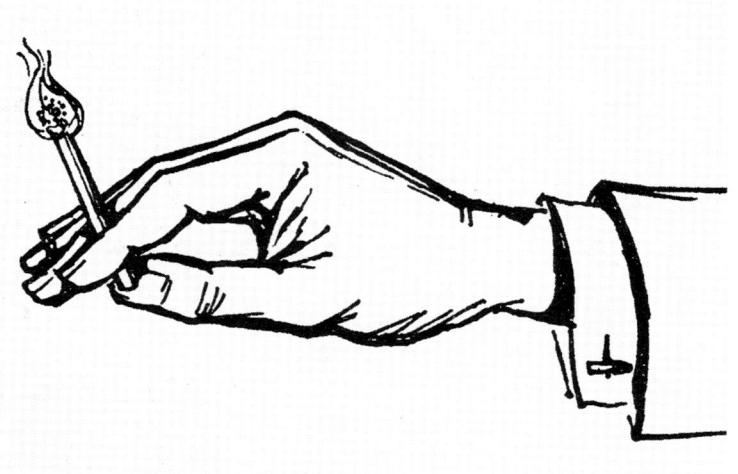

scheinbar so stark, dass er durch die Ärmel hindurchzudringen vermag und das in der rechten Hand befindliche Streichholz auslöscht.

Ein Zuschauer wird aufgefordert, dies ebenfalls zu versuchen. Es wird ihm jedoch nicht gelingen.

Trickausführung

Du zündest ein Streichholz an und hältst dieses etwa in der Mitte, zwischen Daumen und Zeigefinger.

Dann winkelst du den linken Arm an und bläst in den Ärmel. Die Zuschauer glauben nun, der durch das Blasen erzeugte Wind würde sich durch deine Jacke fortpflanzen und durch den entsprechenden Luftzug das weit weg von dir gehaltene Streichholz zum Verlöschen bringen.

Das ganze Geheimnis liegt darin, dass du im Moment des Pustens mit dem Mittelfinger arm unteren Ende des Streichholzes schnippst. Durch diese Erschütterung kommt die Flamme zum Verlöschen. Es ist aber wichtig, dass das Streichholz noch nicht weit heruntergebrannt ist, denn sonst klappt der Trick nicht. Durch Versuche musst du selbst herausfinden, ob es besser ist, das Streichholz zwischen Mittel- und Zeigefinger zu halten. Das Schnippen wird dann mit dem Daumen ausgeführt.

Durch geschickte Vorführung muss natürlich die Aufmerksamkeit auf deinen linken Ärmel gelenkt werden, damit du rechts das Schnippen vornehmen kannst.

SPIEGELGLAS-ILLUSIONEN

Zubehör

2 durchsichtige Trinkgläser mit Längsrillen, 2 Spiegelfolien,
2 Aktendeckel

Effekt

TRICK 1

Der Zauberer nimmt ein leeres durchsichtiges Trinkglas, greift
hinein und zaubert ein farbiges Tuch hervor.

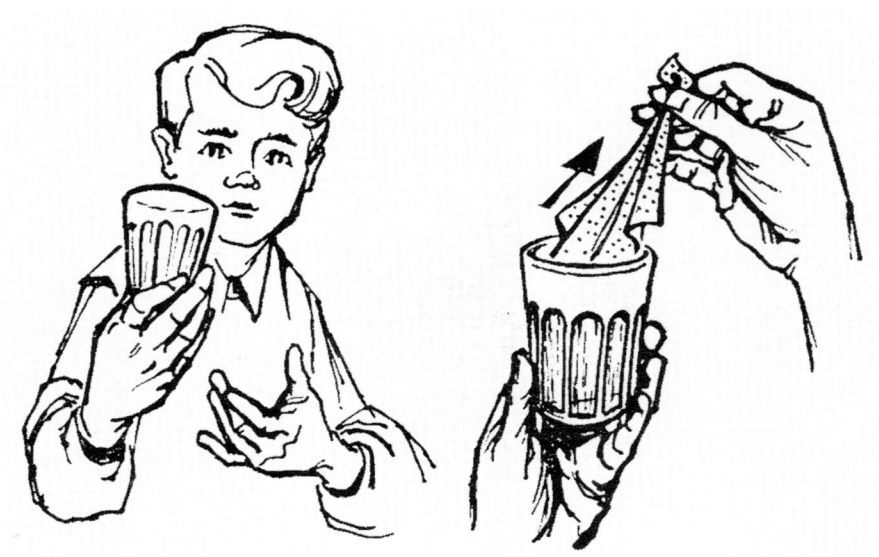

TRICK 2

Der Zauberer nimmt ein Stück Zeitungspapier, mit dem er das Glas umkleidet. Er gibt das Seidentuch wieder in das Glas zurück und sagt: „Sim sala bim" und entfernt das Zeitungspapier; das Glas ist leer. Das Tuch ist spurlos verschwunden. Die Zeitung kann untersucht werden.

Das Glas wird auf ein Tablett gestellt. Unter seiner linken Hand lässt der Zauberer eine Reihe einzelner Drahtringe, die auf den Zauberstab gefädelt waren, laut klappernd in das Glas hineingleiten. Das Glas wird mit einem Tuch ganz überdeckt. Dann zeigt der

Zauberer beide Hände leer vor. Er entfernt das Tuch, greift in das Glas und zieht die soeben einzeln in das Glas gegebenen Drahtringe jetzt alle aneinandergereiht heraus.

Der Zauberer ergreift ein zweites leeres Trinkglas. Die beiden Gläser werden leer, etwa 30 cm voneinander, aufgestellt. In das linke Glas kommt ein rotes Seidentuch. Mit zwei in der Mitte geknickten Aktendeckeln (Paravente) werden die Gläser den Blicken der Zuschauer entzogen. Der Künstler erklärt jetzt, er werde das Tuch

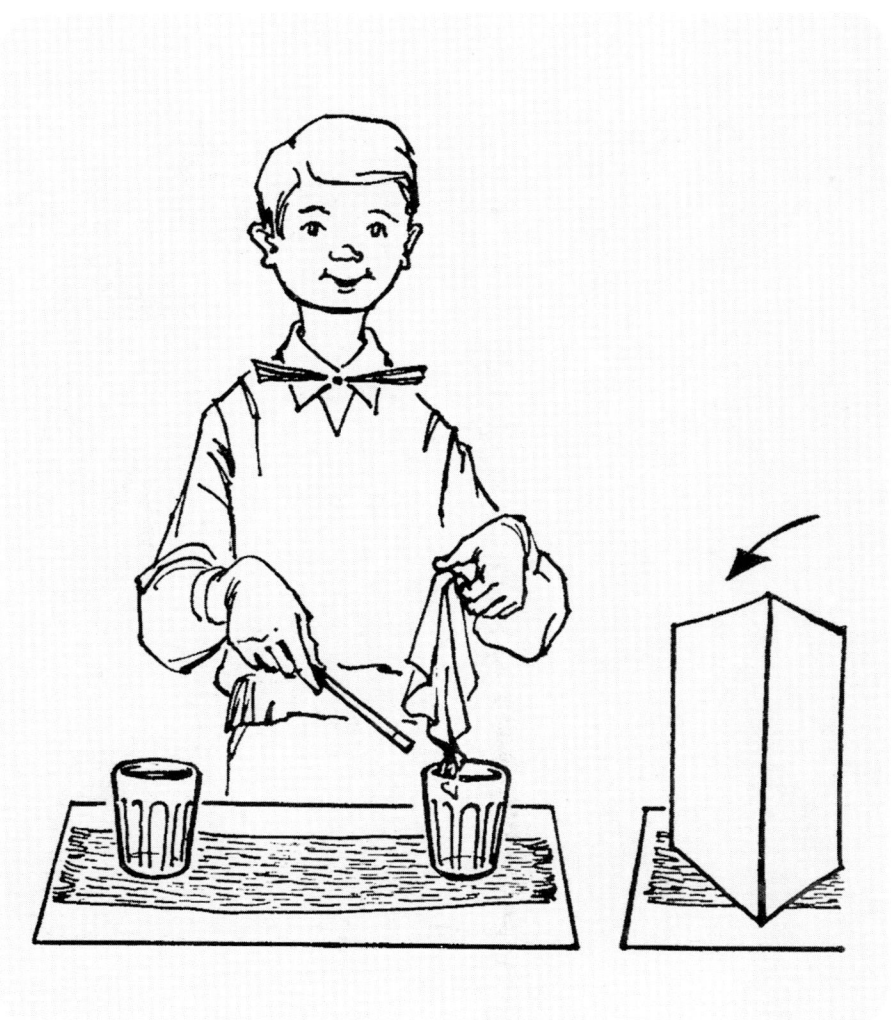

auf unsichtbare Weise in das andere, rechte Glas zaubern. Die Aktendeckel werden entfernt, und das rote Seidentuch befindet sich jetzt tatsächlich im rechten Glas. Das linke Glas ist leer.

So lässt der Zauberkünstler die Tücher zum großen Ergötzen der Zuschauer noch einigemal hin- und herwandern.

Trickausführung

Du beschaffst dir zwei Trinkgläser. Möglichst aus Kunststoff. Diese müssen durchsichtig sein und sollten Längsrillen haben, wie es das Glas in der Abbildung zeigt. In einem Bastel- oder Spielwarengeschäft besorgst du dir ein Blatt Spiegelfolie. Daraus schneidest du dir für die beiden Gläser passende Einsätze, wie aus der Abbildung ersichtlich ist. Das ist die ganze Präparation. Schon beim aufmerksamen Lesen dieser Zeilen wird dir klar werden, dass die universelle Verwendbarkeit dieses Zauberapparates ungezählte Variationsmöglichkeiten ergibt. Es ist deshalb besonders wichtig, dass du alle Tricks, die du damit vorführst, sorgfältig einübst, damit niemand hinter dieses Geheimnis kommt.

Zu Trick 1

Du tust das farbige Seidentuch in eine Hälfte des Spiegelglases. Die leer erscheinende Hälfte ist den Zuschauern zugewandt. Das Glas selbst hältst du so, wie es aus der Abbildung ersichtlich ist. Du greifst dann mit der rechten Hand in das Glas hinein und ziehst möglichst schnell das Seidentuch heraus.

Zu Trick 2

Um das Tuch verschwinden zu lassen, wird vorher das Glas zur Ablenkung der Zuschauer mit einem Stück Zeitungspapier umkleidet. Das Seidentuch kommt dann hinter die Spiegelfolie. Dann wird das Papier abgezogen und zum Untersuchen gegeben. Du kannst es auch über einer vorher entzündeten Kerze verbrennen.

Zu Trick 3

Hinter der Spiegelfolie liegen die vor der Vorführung ineinander-
geketteten Drahtringe. Die Zuschauer sehen gegen die leere Glashälfte. Unter der Verdeckung des Tuches wird das Glas gedreht,
nachdem zuvor die Einzelringe in die leere Glashälfte gegeben
wurden. Nach der Drehung erscheint dann die Ringkette, und die
Einzelringe liegen in der hinteren Glashälfte.

Zum Hin- und Herwandern des Farbtuches benötigst du 2 Spiegelgläser und 2 Seidentücher. Ein Glas hält bereits ein Tuch verborgen. Das andere Glas ist in beiden Spiegelkammern leer. Die Zuschauer sehen beide Gläser von der leeren Seite. Unmittelbar nach dem Aufstellen der Paravente gibst du ein Tuch in das völlig leere Glas. Das geladene Glas wird sofort unter Deckung des Paraventes gedreht. So kannst du je nach Wunsch die leere oder die gefüllte Glashälfte sehen lassen, wodurch der Eindruck entsteht, das Tuch würde seinen Platz wechseln. Du kannst auch auf dieser Trickbasis Tücher färben oder Glasperlen einzeln ins Glas schütten, um dieselben als Kette aufgefädelt wieder herauszuziehen. Mit etwas Überlegung wird dir sicher noch manche wirkungsvolle Trickmöglichkeit einfallen.

Wenn dies der Fall ist, so soll dir hier gleich gratuliert werden, denn dann bist du auf dem richtigen Weg, ein echter Magier zu werden.

LUSTIGE ZAUBERSPRÜCHE

Abra kadabra · Sim sala bim

Hokus pokus

Hokus pokus verschwindibus

Hokus pokus fidibus
dreimal schwarzer Kater

Lirum larum Löffelstiel
zum Zaubern da gehört recht viel

Hasenfuß und Hühnerei
Zaubergeister strömt herbei

Zwei vier sechs
Zaubern hilft die Hex

Geschwindigkeit ist keine Hexerei

LUSTIGE ZAUBERSPRÜCHE

Hokus pokus Haselnuss
Vogelbein und Fliegenfuß
Karte verschwinde im Winde

Was zerschnitten in der Mitten
firlefanz, firlefanz
Zaubergeister machen es wieder ganz

Hokus pokus Ziegenfuß
Mückenstich und Flintenschuss

Zauberstab Zylinderhut
Zaubergeister helft jetzt gut

Die Hexe sich im Kreise dreht
Wer zaubern kann, weiß wie es geht

Erst war's blau, jetzt wird es rot
Donnerwetter – sapperlot

RUND UM DIE MAGIE

Wollte man über die geschichtliche Entwicklung der Zauberkunst ausführlich berichten, so würde dies ein recht umfangreiches Buch werden. Die Zauberkunst ist eine sehr vielseitige und interessante Wunderwelt. Wer sich diesem Hobby verschrieben hat, sollte nicht nur einige Tricks kennen und können, sondern auch etwas über die geschichtliche Entwicklung zu berichten wissen. Schon die alten Priester des Orients bedienten sich mancher Tricks, um magische Wirkungen und übernatürliche Kräfte vorzutäuschen. Wir können die Zauberkunst in drei Epochen einteilen:

1. Von den Priestern des Orients bis zum Beginn des Mittelalters

In diesem Zeitraum werden scheinbar unvorstellbare Vorgänge auf magische Kräfte zurückgeführt.

2. Das Mittelalter

Hier beziehen sich die Darbietenden schon auf die etwas aufgeklärtere Umwelt. Alle erzielten Effekte werden auf natürliche Dinge zurückgeführt.

3. Die letzte Epoche beginnt mit dem 19. Jahrhundert.

Hier treten endlich die Zauberkünstler heraus aus der Klasse des fahrenden Volkes und der zigeunerhaften Gaukelei. Der Zauberkünstler erobert sich auch gesellschaftlich eine geachtete Rolle. In den Vorführungen selbst spiegelt sich die fortschreitende Technik wieder.

Von der ersten Epoche soll hier nicht berichtet werden, und wir wenden uns der zweiten Epoche zu und wollen aus dem großen Kreis interessanter Meister über einige besonders bemerkenswerte Künstler berichten.

So wird zum Beispiel von Josef Fröhlich, Hoftaschenspieler August des Starken, folgendes berichtet: Fröhlich kaufte einmal auf dem Markt bei einem Fischer Krebse, um diese gleich lebend zu verzehren. Nach beendeter Mahlzeit wollte Fröhlich seines Weges ziehen. Nun verlangte der Fischer laut schreiend die Bezahlung der gelieferten Krebse. Fröhlich, der sich über das aufgeregte Verhalten des Fischers amüsierte, griff endlich in seine Hosentasche und zog aus ihr die lebenden Krebse wieder heraus.

Weltberühmtheit erlangte durch übertrieben gesteigerte Reklame Jakob Philadelphia, der von 1735 bis 1795 lebte. Er trat auch oft als Künstler der Mathematik auf. Philadelphia werden, trotz seiner übertriebenen Reklame, außerordentliche Leistungen zuerkannt. Er war der erste Zauberkünstler, der mit einer Laterna-Magica Geister auf der Bühne erscheinen ließ. Eine Legende erzählt von Philadelphia: Friedrich der Große habe Philadelphia wegen seiner unerklärlichen Künste aus Berlin ausgewiesen, worauf Philadelphia vierspännig durch alle vier Tore Berlins zugleich hinausgefahren sein soll.

Zu Beginn der 3. Epoche der Zauberkunst begegnet uns als König der Zauberkünstler Jean Eugen Robert Houdin. In seiner 1858 erschienenen Lebenserinnerung wird so manche Kuriosität berichtet, die wohl nüchtern betrachtet, eine Mischung von Dichtung und Wahrheit darstellt. So berichtet Houdin von seinem Lehrmeister Torrini, der vor Papst Pius VII. zum erstenmal die Zertrümmerung und Wiederherstellung einer kostbaren Taschenuhr zeigte. Mit diesem Trick machte sich Torrini einen weltberühmten Namen.

Dem Zauberkünstler Houdin wird eine neue Art der Darstellung zugeschrieben. Er verzichtete als einer der ersten Zauberkünstler auf verhüllende Vorhänge und Attrappen und arbeitete auch bei voller Beleuchtung. Mit ihm wurde auch das Gewand des Gauklers verdrängt und machte dem salonfähigeren Abendanzug Platz. Houdin war selbst ein gelernter und hervorragender Mechaniker. So geht die Erfindung einer großen Zahl von Trickautomaten auf sein Wissen und Können zurück. Als Konkurrent und Zeitgenossen Houdins nennt uns die Geschichte der Zauberkunst den Arzt Bartholomä Bosco. Er lebte in der Zeit von 1793 bis 1863. Im

Heere Napoleons machte er den Feldzug nach Russland als Feldarzt mit. Dort geriet er in Gefangenschaft, in Sibirien erregte er dann durch seine Zauberkünste großes Aufsehen. Wie weiter berichtet wird, wurde Bosco 1814 freigelassen, und er zog dann 40 Jahre lang als Zauberkünstler durch Europa und den Vorderen Orient. Bosco sagt man eine sagenhafte Fertigkeit nach. Er ist auch der Erfinder des Bosco-Becherspieles, das noch heute, wenn auch abgewandelt, von bedeutenden Zauberkünstlern gern vorgeführt wird.

In der gleichen Zeit etwa, in der Bosco als Magier auf Reisen ging,wurde in Wien ein Zauberkünstler namens Ludwig Döbler berühmt. Sein Paradetrick war die Eröffnung seiner Vorstellung. Beim Hochgehen des Vorhanges betrat Döbler die Bühne, um sofort durch einen Pistolenschuss etwa 200 Kerzen anzuzünden, die im Saal auf den Tischen verteilt waren. Dieser einzigartige Trick ist bis heute noch ein Geheimnis, da es zu jener Zeit noch keine elektrischen Zünder gab. Die Stadt Wien ehrte den allseits beliebten und bestaunten Zauberkünstler auf ihre Weise. Noch heute finden wir in der Hauptstadt Österreichs eine Straße, die nach Döbler benannt ist.

Eine besondere Berühmtheit unter den Täuschungskünstlern erwarb sich der Zauberkünstler Harry Houdini. Er ließ als erster auf einer offenen Bühne im Hippodrom in New York einen lebenden Elefanten verschwinden. In Deutschland wurde später der Zauberkünstler Kastner mit diesem Trick ebenfalls berühmt. Aus seiner Glanzzeit wird folgende Anekdote berichtet: Bei einer seiner Vorführungen saß auch eine alte Dame in der ersten Reihe. Sobald nun Kastner etwas verschwinden ließ, reagierte die sehr interessierte Zuschauerin mit der lauten und spitzen Bemerkung: „Im Ärmel", wobei sie spontan aufsprang und auf Kastner weisend

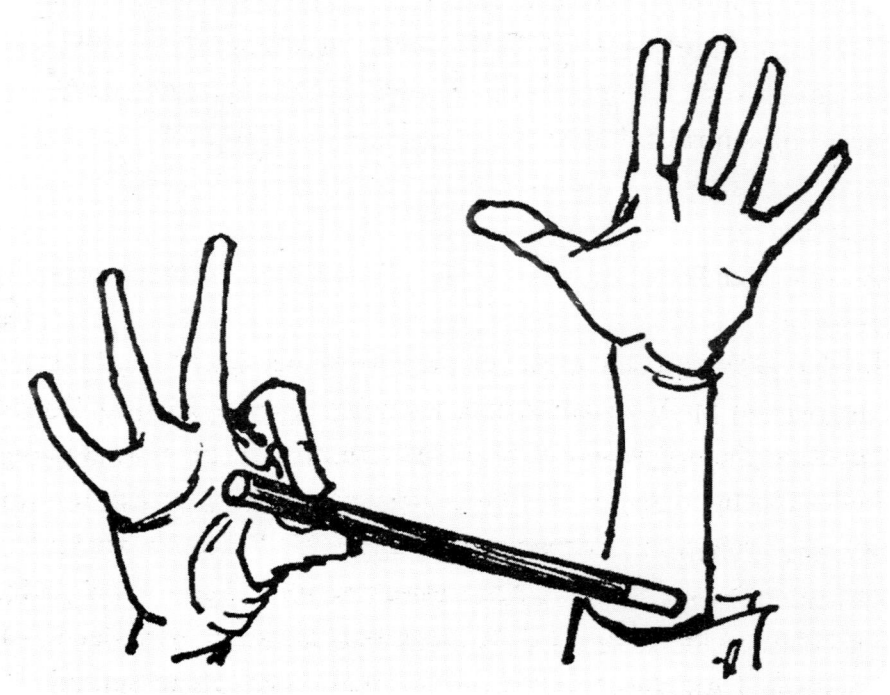

ihre Worte unterstrich. Kastner ärgerte sich natürlich über diese Störung und reagierte darauf folgendermaßen:

Bei der Aufführung des Schlusseffektes ließ Kastner den lebenden Elefanten verschwinden. In den vor Spannung stillen Zuschauerraum hinein rief dann Kastner: „Der Elefant steckt im Ärmel, meine verehrte Dame!" Dadurch hatte er natürlich die Lachenden auf seiner Seite.

Auch in der Politik hat die Zauberkunst schon einmal eine Rolle gespielt. Im Auftrag der französischen Regierung wurde 1856 Robert Houdin nach Algerien gesandt. Seine Aufgabe war es, die algerischen Medizinmänner, die seinerzeit großen Einfluss auf die Bevölkerung ausübten, mit seiner Zauberkunst zu überbieten. Neben vielen interessanten Einzelheiten ist die folgende besonders hervorzuheben:

In seinen Vorstellungen erklärte Houdin, dass er unverletzbar sei. Um dies zu beweisen, lud Houdin zwei Pistolen. Ein besonders fanatischer Araber bekam die Aufgabe, mit der Pistole auf Houdin zu schießen. Jedoch unmittelbar nach der Explosion zeigte sich Houdin unverletzt. Die auf ihn abgeschossene Kugel hielt er zwischen seinen Zähnen fest. Besonders wirkungsvoll war dies Experiment dadurch, dass die Pistolenkugel vorher gezeichnet worden war. Zum Abschluss nahm Houdin die zweite Pistole und schoss auf eine weiße Fläche, von der nach dem Schuss Splitter abflogen und ein großer Blutfleck erschien. Houdins arabisches Publikum leitete abergläubisch von diesem Experiment eine Unverwundbarkeit der weißen Rasse ab.

Viel von sich reden machte der Zauberkünstler Samuel Bellachini. Er war ein geborener Pole und lebte von 1828 bis 1885. Die Geschichte der Zauberkunst berichtet von ihm, dass er Hofzauberkünstler bei Kaiser Wilhelm I. war.

Viele Magier haben diesen populären Namen zu ihrem eigenen Künstlernamen gemacht. So erzählt man sich auch von einem dieser Bellachinis folgende reizende Geschichte:

Auf einem Wochenmarkt in Posen erkundigte sich ein stattlicher Herr bei den einzelnen Bauersfrauen nach den Eierpreisen. Da der Fremde sich nirgends zum Kauf entschließen konnte, machten die Marktfrauen in polnischer Sprache bald witzige Bemerkungen über den Mann. Bei der Bauersfrau, die sich mit lächerlichen Bemerkungen über den Fremden besonders hervorgetan hatte, blieb der unbekannte Herr stehen und sprach die Frau an. Er wünschte den Eierpreis zu erfahren. Die Marktfrau gab hierauf einen sehr hohen Preis an. Mit größter Gelassenheit betrachtete dann der Marktbesucher prüfend ein Ei nach dem anderen. Er hob das Ei gegen das Licht, klopfte es ab und legte es schließlich lauschend an sein Ohr. Erstaunt über dieses sonderbare Gebaren deutete schließlich die Bauersfrau mit ihrem Zeigefinger vielsagend an die Schläfe. Natürlich führte diese Geste zu einer großen Heiterkeit der Anwesenden. Da zerbrach plötzlich dem Fremden ein Ei und er hielt ein großes, glänzendes Goldstück zwischen den Fingern. Der Herr erklärte augenblicklich, er wolle den ganzen Korb Eier kaufen. Er ergriff ein zweites und drittes Ei, schlug es auf und brachte weitere Goldstücke zum Vorschein. Als die Bauersfrau dieses Wunder sah, fasste sie schnell nach dem gesamten Eierkorb und zog ihn zurück. Gleichzeitig erklärte sie nun in deutscher Sprache, sie wolle kein einziges Ei mehr verkaufen. Hierauf gab der Marktbesucher der Bauersfrau einen Taler und verschwand.

Inzwischen stürzten sich alle anderen Frauen auf die Eier und schlugen sie auf, ohne jedoch zu den erhofften Goldstücken zu gelangen.

Dem Zauberkünstler war also hier bei den Marktfrauen sein spaßiges Experiment voll geglückt.

Wohl einer der populärsten Zaubertricks ist für nicht Eingeweihte das sogenannte indische Seilwunder.

Es wird berichtet, dass ein indischer Fakir auf freiem Platz ein Seil in die Luft warf. Dieses Seil sei dann erstarrt und ein kleiner indischer Knabe konnte an dem Seil hinaufklettern, um so oben angelangt, spurlos zu verschwinden.

Ähnliche Trickbeschreibungen gingen um die ganze Welt. Mit Sicherheit jedoch haben Nachforschungen ergeben, dass der Trick in der beschriebenen Form in Indien nie vorgeführt worden sei. Es handelte sich nach diesem Bericht um die phantasievolle Beschreibung eines englischen Weltreisenden, der sich gewissermaßen auf diese Weise interessant machen wollte.

In der Zwischenzeit haben namhafte Magier ähnliche Trickkombinationen zur Vorführung gebracht. Die Vorführung selbst war jedoch immer an eine Theaterbühne gebunden. Zu den allerbedeutendsten Magiern überhaupt darf man wohl den 1963 verstorbenen Illusionisten Kalanag zählen. Er war im wahrsten Sinne des Wortes Meister der Kleinkunst wie auch im großen Show-

Geschäft. Von ihm stammt auch das weltberühmte Zauberwort „sim sala bim".

Kalanag beschäftigte in seiner Zauber-Revue zeitweise bis zu 80 Personen und reiste mit etwa 70 Tonnen Gepäck. Seine Attraktion war das Verschwinden eines Autos auf offener Bühne. Weitere Höhepunkte seiner Vorstellungen lagen in seinem unerschöpflichen Wasserkrug und der magischen Getränkebar. Kalanag verstarb am Heiligen Abend 1963.

In diesem kleinen Streifzug durch die Geschichte der Magie wurde von einigen berühmten Magiern erzählt. In diesem Zusammenhang darf man jedoch nicht vergessen, über das Hellsehen zu berichten. Der prominenteste Vertreter auf diesem Gebiet war Erik Jan Hanussen. Er verstand es wie kein anderer, sich durch Werbung und billige Tricks das Ansehen eines Übermenschen zu verschaffen. Es ist nachgewiesen, dass Hanussen kein Hellseher, sondern ein Schwindler war.

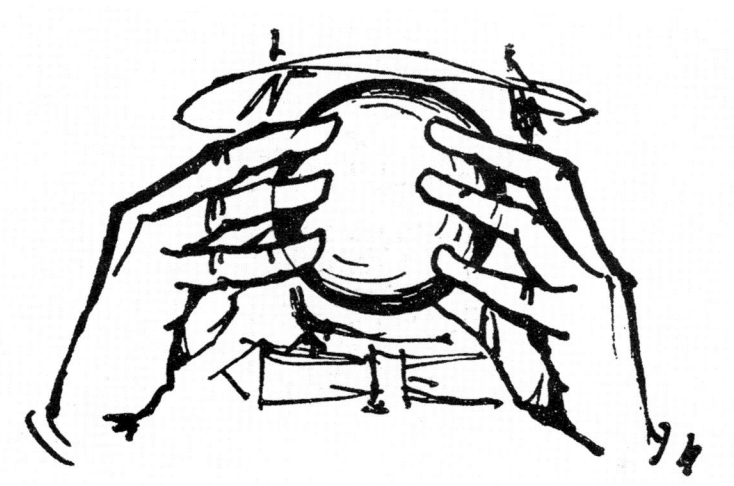

Heute in der modernen Welt werden Hellseh-Tricks mit dem Fachwort Mental-Magie bezeichnet. Für die Zauberkünstler der Gegenwart gibt es eine Menge Möglichkeiten, tiefer in die Geheimnisse der Zauberkunst einzudringen. So steht z. B. eine ganze leistungsfähige Industrie für Zaubergeräte zur Verfügung, denn die Liebhaber der Zauberkunst sind zahlreich. Aber nicht nur durch käuflich erworbene Zaubergeräte und Fachbücher kann man seine Kenntnisse erweitern. In der ganzen Welt gibt es magische Vereine, die das Gedankengut der zauberischen Täuschung pflegen und weitergeben.

NACHWORT

Nach dem Durchlesen des Buches hast du sicher gleich einige Tricks ausgeführt. Vielleicht hast du auch das eine oder andere Kunststück schon vor deinen Eltern oder Freunden zum besten gegeben. Wenn du nun ehrlich gegen dich selber bist, wirst du zugeben, dass wahrscheinlich die erhoffte Sensation ausblieb. Ja – das Wissen allein um das Geheimnis einiger Zauberkunststücke macht noch keinen perfekten Magier aus dir.

Bei der Zauberkunst ist es wie überall im Leben. Nur durch ständige Übung und Arbeit an sich selbst gelingt die meisterliche Gewandtheit und Leichtigkeit.

Suche dir also erst einmal die Zauberkunststücke heraus, die dir besonders liegen. Dann legst du die Reihenfolge der Vorführung fest. Diese behältst du bei und übst das Programm solange ein, bis jeder Griff sitzt. Überlege dir auch einen passenden Vortrag und lerne ihn auswendig. So vorbereitet, solltest du dir immer deine ganze Vorstellung vor einem Spiegel selbst vorspielen. Du erkennst dann deine Fehler, und nach einiger Zeit wirst du selbst feststellen, wie reibungslos schon alles geht.

Es empfiehlt sich, die Zauberhilfsmittel nach jeder Vorstellung gleich wieder vorzubereiten, so bist du immer bereit, vor allem, wenn es mal schnell gehen muss. An dieser Stelle soll dir auch empfohlen werden, eine kleine Zauberregistratur und Tricksammlung anzulegen. Hier kannst du alles, was mit dem Hobby „Zaubern" zu tun hat, sammeln, zum Beispiel Trickbeschreibungen,

Prospekte, Programmfolgen, Ideen für neue Tricks, Vorführungen usw.

Mit diesem Zauberbuch bist du in so manches Geheimnis der Magie eingeweiht worden. Es ist deshalb von besonderer Bedeutung, dass du über dieses Wissen Stillschweigen bewahrst. Erkläre nie einen Trick. Wenn du dieses Gesetz der Magie durchbrichst, erweist du dir selbst einen schlechten Dienst. Hast du erst einmal ein Zauberkunststück erklärt, so ist es für dich verloren. Auch bei den Wissbegierigen selbst erntest du keinen Dank. Die Antwort auf die Trickerklärung ist höchstenfalls ein „– so einfach ist das?" Der Reiz eines Zauberkunststückes liegt immer im Unerklärlichen. Sollten dir aber einmal die Plagegeister gar keine Ruhe geben, um etwas zu erfahren, so tue mit einem Scherzwort die Sache ab. Sage einfach: „Es geht alles von allein und natürlich mit hokus pokus."

Martin Michalski, Jahrgang 1927, war hauptberuflich
Turbo-Maschineningenieur.
Weil er als Kind über umständliche und unvollständig
geschriebene Zauber-Anleitungen enttäuscht war,
beschloss er, andere Kinder mit seinen Büchern
nicht zu enttäuschen.
Zaubertechnische Beschreibungen erklärt er durch
Text und Bild leicht und verständlich
und doch genau.